15분 집중의 힘
1등 하는 **공부 습관**

용선생 15분

세계사 독해

4권

근·현대 편

사회평론

구성과 활용

안녕! '용쓴다, 용써!' 용선생이야.
독해 실력이 좋아야 공부를 잘할 수 있다는 것, 잘 알고 있지?
독해력은 하루아침에 길러지지 않아. 매일 꾸준히 갈고닦아야 해.
선생님이랑 이번에는 세계사 이야기를 함께 읽어볼 거야.
날마다 한 편씩 세계사 인물과 사건 이야기를 읽고 문제를 풀다 보면
독해력은 물론 어휘력도 길러지고 세계사 실력도 자랄 거야.
자, 그럼 세계사 독해를 시작해 볼까?

① 날마다 세계사 인물 이야기 읽기!

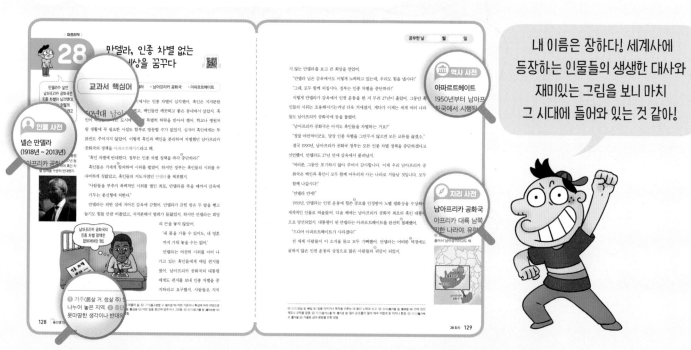

내 이름은 장하다! 세계사에
등장하는 인물들의 생생한 대사와
재미있는 그림을 보니 마치
그 시대에 들어와 있는 것 같아!

세계사 필수 인물들의 재미난 이야기를 읽어 볼 거야. 중학교 역사 교과서에 나오는 **교과서 핵심어**를 정리해 두었으니 이것만은
꼭 알아두자! 인물 사전 을 보면 해당 인물에 대해 더 자세히 알 수 있어. 중요한 역사 용어는 역사 사전 을 통해 꼼꼼히 살펴보자!
낯선 지역은 지리 사전 을 보며 어디인지 확인해 봐! 지문 속 숫자가 표시된 낱말은 지문 아래 **어휘 풀이**를 보면 정확한 뜻을 알 수 있어.

② 독해 학습으로 세계사 다지고, 어휘 학습으로 어휘력 키우기!

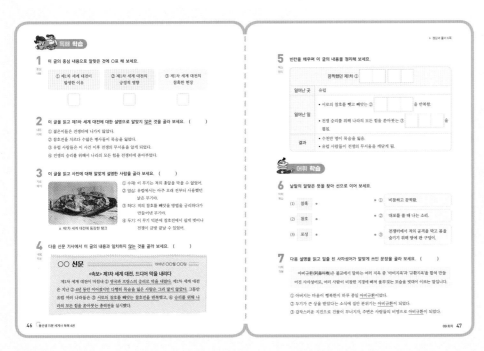

안녕, 난 나선애야!
다양한 유형의 문제를
풀다 보면 교과서 핵심어가
머릿속에 쏙쏙 남아!

문제를 풀면서 내용을 확인해 보자. 중심 내용 찾기, 인물 이해, 지도 읽기, 자료 해석, 핵심 정리 등 **다양한 유형의 문제를 풀다 보면 교과서 핵심어가 머릿속에 깊이** 새겨질 거야. 마지막 어휘 학습 문제를 풀며 독해 필수 어휘도 복습해 보자. **독해의 기초인 어휘력이 쑥쑥** 자랄 거야.

후훗, 난 왕수재! 나처럼
독해 박사가 되고 싶은 친구는
어휘 학습 문제도 꼭 풀어 봐!

③ 재미난 퀴즈로 복습하기!

나는 곽두기야!
나랑 같이 역사 놀이터에서
놀며 핵심어를 정리해 보자!

🎧 인물 이야기를 음원으로 듣기!

나는 허영심!
QR 코드를 검색해 세계사
인물 이야기를 들어 봐!

전문 성우들이 세계사
인물 이야기를 실감나게
들려줄 거야! **듣기만 해도
세계사가 머릿속에 쏙쏙**
들어올걸?

한 주 동안 공부한 핵심어들을 재미난 퀴즈를 풀며 떠올려 보자.
역사 놀이터에서 핵심어로 보물 상자 찾기 등을 하며 읽은 내용을
재미있게 복습할 수 있어.

● 이 지도는 현대 국가와 그 국가의 문화권을 기준으로 제작하였습니다.

북극해

유럽

러시아

스웨덴
노르웨이
국
독일 폴란드
우크라이나   카자흐스탄   몽골
프랑스
이탈리아
파냐   그리스 튀르키예   대한민국
지중해   일본
이라크 아프가니스탄   중국
알제리 리비아 이집트 이란   태평양
사우디   파키스탄
아라비아
갈리 니제르   수단   인도   아시아
차드   미얀마
나이지리아   에티오피아   태국
남수단   베트남 필리핀
카메룬   케냐
콩고 민주   아프리카
공화국   탄자니아   인도양
앙골라   인도네시아
잠비아
나미비아 짐바브웨 마다가스카르
남아프리카   오스트레일리아
공화국
오세아니아
뉴질랜드

남극해

남극 대륙

용선생 15분 세계사 독해 **차례**

중국에 하느님의 아들이 탄생했대!
무슨 말이냐고? 함께 알아보자!

1주

1866년	1871년
병인양요	신미양요

1840년	1851년	1853년	1868년
제1차 아편 전쟁	태평천국 운동 시작 (~1864년)	페리 제독, 일본에 개항 요구	메이지 천황 즉위

회차	학습 내용	교과서 핵심어	교과 연계	학습 계획일
01	**임칙서**, 아편 단속에 나서다	★ 임칙서 ★ 청나라 ★ 아편 전쟁	【중학 역사Ⅰ】 4. 제국주의 침략과 국민 국가 건설 운동 ④ 동아시아의 국민 국가 건설 운동	월 일
02	**홍수전**, 태평천국을 세우다	★ 홍수전 ★ 중국 ★ 청나라 ★ 태평천국	【중학 역사Ⅰ】 4. 제국주의 침략과 국민 국가 건설 운동 ④ 동아시아의 국민 국가 건설 운동	월 일
03	**서태후**, 청나라를 쥐락펴락하다	★ 서태후 ★ 중국 ★ 청나라	【중학 역사Ⅰ】 4. 제국주의 침략과 국민 국가 건설 운동 ④ 동아시아의 국민 국가 건설 운동	월 일
04	**페리 제독**의 검은 배, 일본의 문을 열다	★ 페리 제독 ★ 에도 ★ 일본 ★ 미국	【중학 역사Ⅰ】 4. 제국주의 침략과 국민 국가 건설 운동 ④ 동아시아의 국민 국가 건설 운동	월 일
05	이와쿠라 사절단, **메이지 유신**을 이끌다	★ 이와쿠라 사절단 ★ 일본 ★ 메이지 유신	【중학 역사Ⅰ】 4. 제국주의 침략과 국민 국가 건설 운동 ④ 동아시아의 국민 국가 건설 운동	월 일
역사 놀이터		**미로 탈출하며 핵심어 찾기!**		

01 임칙서, 아편 단속에 나서다

임칙서의 아편 단속이
전쟁으로 번졌네!
이후 청나라는 어떻게
되었을까?

 인물 사전

임칙서
(1785년 ~ 1850년)
중국 청나라 관리야. 황제의
명령을 받아 광저우에서 상
인들의 아편을 몰수했어.

🏛 역사 사전

청나라
(1616년 ~ 1912년)
중국 동북쪽에 살던 만주족
이 세운 나라야. 명나라의 뒤
를 이어 중국을 다스렸지.

교과서 핵심어	★임칙서 ★청나라 ★아편 전쟁

1800년대 들어 청나라에 골칫거리가 하나 생겼어. 영국 상인들이 청나라를 찾아와 아편을 팔기 시작한 거야. 아편은 몸에 해로운 마약으로, 일단 피우기 시작하면 끊기가 아주 어려울 정도로 중독성이 강했지.

"아편 남는 것 없소?"

"다 팔렸는데 어쩌나? 영국에서 다음 배가 올 때까지 기다리시오."

아편은 불티나게 팔렸어. 높은 관리부터 가난한 농민들까지, 청나라 사람들은 거의 모두 아편에 중독되었지. 어떤 사람은 아편을 구할 돈을 마련하려고 끔찍한 범죄를 저지르기도 했어.

청나라 황제는 나라를 병들게 만드는 아편을 뿌리 뽑아버리고 싶었어.

"가만히 있으면 청나라 사람들이 모두 아편에 중독되고 말 거요. 어쩌면 좋겠소?"

아편을 뿌리 뽑으려면 아편을 파는 영국 상인들을 단속해야 했어. 하지만 모두들 자신이 없어서 우물쭈물할 뿐이었지. 이때, 임칙서라는 사람이 황제 앞에 나섰어.

"폐하, 제가 나서서 아편을 뿌리 뽑겠습니다!"

임칙서는 백성을 아끼고 일을 공평하게 처리하기로 소문이 자자한 관리였어. 많은 사람이 임칙서를 존경하고 따랐지. 황제는 임칙서를 영국 상인이 아편을 들여오는 광저우로 보냈어.

임칙서는 광저우의 영국 상인들에게 근엄한 목소리로 명령을 내렸어.

"지금부터 아편을 보이는 대로 몰수할 것이다. 또 아편을 파는 사람은 모두 쫓아낼 것이다."

---

① **마약**(痲저릴 마, 藥약 약) 마취 작용을 하며, 오래 복용하면 중독 증상이 나타나는 물질. ② **중독성**(中가운데 중, 毒독 독, 性성질 성) 어떤 것을 지나치게 먹거나 사용해서 그것 없이는 생활을 하지 못하는 상태. ③ **불티나다** 물건이 내놓기 무섭게 빨리 팔리거나 없어지다. ④ **단속**(團모을 단, 束묶을 속) 법, 규칙, 명령 등을 어기지 않도록 통제함.

임칙서는 영국 상인들이 가진 아편을 모두 빼앗았어. 그러고는 빼앗은 아편을 팔지 못하게 모두 없애 버렸지. 영국 상인들은 노발대발했어.[6]

"감히 우리 물건을 빼앗다니! 반드시 대가[7]를 치를 거요!"

"대가라니? 몸에 해로운 마약을 팔아 돈을 벌고도 부끄러운 줄 모른단 말이냐!"

임칙서가 아편을 몰수했다는 소식은 널리 퍼졌어. 영국은 이 소식을 듣고 펄펄 뛰었지.

"우리 영국을 너무 우습게 보는 거 아닙니까? 본때를 보여줍시다!"

1840년, 영국은 청나라에 전쟁을 선포[8]하고 군대를 보냈어. 아편을 둘러싼 두 나라의 갈등이 끝내 전쟁으로 번지고 만 거야. 그래서 이 전쟁을 '아편 전쟁'이라고 해.

아편 전쟁에서는 영국이 크게 승리를 거두었어. 청나라가 가진 낡은 무기로는 최신 대포로 무장한 영국을 도무지 당해낼 수 없었거든. 결국, 청나라는 영국에게 무릎을 꿇었지.

"항복, 항복이오! 돈이든 뭐든 원하는 대로 주겠소!"

"좋다. 우리에게 많은 돈과 자유롭게 장사할 권리를 달라."

영국은 이제 청나라에서 장사를 자유롭게 할 수 있게 됐어. 돈도 두둑하게 받아 챙겼지. 청나라가 전쟁에서 패배했다는 소식이 전 세계에 퍼지자, 다른 서양 국가들도 청나라로 몰려들었어. 임칙서는 청나라를 구하려고 아편을 단속한 것이지만, 아편 전쟁을 시작으로 청나라는 쇠락[9]하기 시작했지.

광저우
중국 남부의 항구 도시야. 청나라 때 주요 무역항이었어. 지금도 중국 남부의 대도시야.

[5] 몰수(沒빠질 몰, 收거둘 수) 법이 금하는 물건을 강제로 모두 거두어들임. [6] 노발대발(怒성낼 노, 發필 발, 大큰 대, 發필 발) 몹시 노하여 펄펄 뛰며 화를 냄. [7] 대가(代대신할 대, 價값 가) 노력이나 희생으로 얻게 된 결과. [8] 선포(宣베풀 선, 布펼 포) 세상에 널리 알림. [9] 쇠락(衰쇠할 쇠, 落떨어질 락) 힘이나 세력이 점점 줄어듦.

1
중심
내용

이 글의 중심 내용으로 알맞은 것을 골라 보세요.   (   )

① 아편 중독자였던 임칙서

② 아편의 무시무시한 중독성

③ 영국에 아편을 판 청나라 상인들

④ 아편 몰수를 계기로 일어난 아편 전쟁

2
인물
이해

이 글의 임칙서에 대한 설명으로 알맞은 것을 골라 보세요.   (   )

① 청나라의 황제였다.

② 아편에 중독된 관리였다.

③ 영국 상인들이 가지고 온 아편을 모두 사들였다.

④ 영국 상인에게서 빼앗은 아편을 팔지 못하도록 모두 없애버렸다.

3
내용
이해

이 글을 읽고 아편 전쟁에 대해 <u>잘못</u> 이해한 사람을 골라 보세요.   (   )

① 선애: 아편을 둘러싼 영국과 청나라의 갈등이 전쟁으로 번진 거야.

② 하다: 프랑스나 미국 같은 힘센 서양 국가가 청나라 편에서 싸웠어.

③ 수재: 청나라는 영국의 최신 무기에 제대로 손써 보지도 못하고 졌어.

④ 두기: 영국은 이 전쟁에서 승리한 덕에 청나라에서 자유롭게 장사할 수 있게 됐어.

4
추론

다음 사진을 보고 이 글의 청나라 황제가 했을 말로 알맞은 것을 골라 보세요. (   )

▲ 아편을 피우는 청나라 사람들

① 영국을 공격하자! 영국에 있는 아편까지 싹 쓸어오는 거야!

② 아편을 피는 건 개인의 자유야. 황제인 내가 막아선 안 되지.

③ 중독성이 강한 아편 때문에 나라가 엉망이 되었네. 아편을 금지해야겠어.

④ 우리 백성들이 아편을 이렇게나 즐기다니! 앞으로 더 많이 사들여야겠군.

5 빈칸을 채우며 이 글의 내용을 정리해 보세요.

핵심
정리

1800년대 영국 상인들은 청나라에 중독성이 강한 마약인 ① ☐☐ 을 팔았다.

↓

청나라 사람들이 너도나도 중독되자,

청나라의 관리 ② ☐☐☐ 가 강력하게 단속에 나섰다.

↓

1840년, 영국과 청나라 간에 ③ ☐☐ ☐☐ 이 일어났다.

청나라는 영국에게 패배하였고, 곧 쇠락하기 시작했다.

어휘 학습

6 낱말의 알맞은 뜻을 찾아 선으로 이어 보세요.

어휘
복습

(1) 단속 •　　　　　• ① 노력이나 희생으로 얻게 된 결과.

(2) 몰수 •　　　　　• ② 법, 규칙, 명령 등을 어기지 않도록 통제함.

(3) 대가 •　　　　　• ③ 법이 금하는 물건을 강제로 모두 거두어들임.

7 빈칸에 들어갈 알맞은 낱말을 보기 에서 찾아 문장을 완성해 보세요.

어휘
적용

보기　　마약　　중독성　　불티나다　　노발대발　　선포　　쇠락

(1) 왕은 새로운 법을 ＿＿＿＿＿＿＿했다.
ㄴ 세상에 널리 알림.

(2) 어머니는 내가 화분을 깨뜨린 걸 보고 ＿＿＿＿＿＿하셨다.
ㄴ 몹시 노하여 펄펄 뛰며 화를 냄.

(3) 어리석은 임금이 잇따라 즉위하자 나라가 점점 ＿＿＿＿＿＿했다.
ㄴ 힘이나 세력이 점점 줄어듦.

02

홍수전, 태평천국을 세우다

홍수전이 청나라에 맞서 태평천국을 세웠어. 태평천국은 청나라를 몰아내는 데 성공했을까?

 인물 사전

홍수전
(1814년 ~ 1864년)

청나라 사람이야. 꿈에서 계시를 받았다며 종교를 만들고 태평천국이라는 나라를 세웠어.

| 교과서 핵심어 | ★홍수전　★중국　★청나라　★태평천국 |

중국 청나라 한 시골 마을에 홍수전이라는 청년이 살았어. 홍수전은 높은 벼슬을 꿈꾸며 과거❶에 여러 번 도전했지만 매번 떨어졌지.

"아아, 이번 과거도 낙방❷했구나. 부끄러워서 가족을 볼 수가 없도다!"

세 번째 과거에서도 떨어지자, 홍수전은 마음의 병을 얻었어. 온몸이 열로 펄펄 끓어서 방 안에 누워 끙끙 앓고 있었지.

그러던 어느 날, 홍수전의 꿈에 긴 금색 머리칼을 풀어 헤친 노인이 나왔어. 노인은 홍수전에게 날카로운 칼 한 자루를 건네며 이렇게 말했어.

"나는 하느님이다. 나의 아들아, 이 칼로 사악❸한 요괴를 물리쳐 세상을 구하도록 하여라."

말을 마친 노인은 연기처럼 사라졌어. 꿈에서 깨어난 홍수전은 어리둥절했어.

'하느님은 도대체 누구야? 별 이상한 꿈을 다 꾸네.'

그리고 몇 년 후, 홍수전은 우연히 책꽂이에서 낡은 책 한 권을 발견했어. 동네에서 만난 서양 선교사❹가 건네준 성경이었지.

"아니, 이 책에 하느님이 누구인지 나와 있었구나!"

책을 읽은 홍수전은 깜짝 놀랐어. 책에는 하느님과 예수님이 누구이고, 세상에 어떤 가르침을 남겼는지 꼼꼼하게 쓰여 있었거든. 홍수전은 큰 깨달음을 얻었어.

'꿈에 나왔던 사람이 정말 하느님이었어. 나에게 세상을 구하라고 계시❺를 내려준 게야.'

그 뒤로 홍수전은 매일 사람들을 불러 모아 이렇게 말했어.

"나는 하느님의 아들이오. 사악한 이들을 물리쳐 세상을 구하라는 계시를 받았소!"

---

❶ 과거(科과목 과, 擧들 거) 관리가 되기 위해 치르던 시험. ❷ 낙방(落떨어질 낙, 榜방붙일 방) 시험이나 모집에 응하였다가 떨어짐. ❸ 사악(邪간사할 사, 惡악할 악) 마음이 바르지 않고 악함. ❹ 선교사(宣베풀 선, 敎가르칠 교, 師스승 사) 종교를 널리 전하는 사람. ❺ 계시(啓열 계, 示보일 시) 신이 가르침을 내리는 것.

"백성을 괴롭히는 청나라를 무너뜨리고, 하느님이 함께하는 지상 천국을 건설할 것이오. 나와 함께 합시다!"

많은 사람이 홍수전의 말에 귀를 기울였지. 대부분 가난과 굶주림에 오래 시달린 농민들이었어.

"홍수전 님이야 말로 우리를 가난에서 구해 줄 구원자야. 믿고 따르자."

홍수전을 따르는 사람들은 점점 늘어났어. 1851년, 홍수전은 자신을 따르는 사람들과 함께 '태평천국'이라는 나라를 세웠지.

"이제 하느님 나라가 지상에 세워졌다!"

태평천국의 군대는 청나라 군대를 물리치고 양쯔강 주변의 큰 땅을 차지했어. 이후로도 여러 차례 청나라군을 쳐부수며 청나라를 크게 위협했지.

하지만 태평천국의 영광은 오래가지 못했어. 홍수전을 비롯한 태평천국의 지도자들 사이에서 권력 다툼이 점점 심해졌거든. 이들은 서로 죽고 죽이며 힘을 낭비했지. 그 사이 청나라는 태평천국을 몰아낼 군대를 새로 꾸렸어.

"사악한 말로 혹세무민을 일삼는 태평천국을 몰아냅시다!"

청나라는 태평천국을 거세게 밀어붙였지. 곧 청나라 군대가 태평천국의 수도를 포위했고, 홍수전은 크게 절망했어.

"하느님의 아들인 내가 이렇게 망하다니!"

결국, 홍수전은 스스로 목숨을 끊었어. 이렇게 태평천국은 탄생한 지 13년 만에 멸망하고 말았지.

지리 사전

양쯔강

중국에서 가장 크고 긴 강이야. 중국 남부를 관통해 황해로 흘러 들어가지. 중국의 주요 교통로이자 무역로로. 양쯔강을 따라 큰 도시들이 발달했어.

⑥ 지상(地땅 지, 上위 상) '땅의 위'라는 뜻으로, 이 세상 혹은 현실 세계를 뜻함. ⑦ 혹세무민(惑미혹할 혹, 世대 세, 誣속일 무, 民백성 민) 세상을 어지럽히고 백성을 홀리어 속임.

1

중심
내용

이 글의 중심 내용으로 알맞은 것에 ○표 해 보세요.

① 하느님이 된
홍수전

② 청나라를
무너뜨린 홍수전

③ 태평천국을 세운
홍수전

☐   ☐   ☐

2

인물
이해

이 글의 홍수전에 대한 검색 결과로 알맞지 <u>않은</u> 것을 골라 보세요. (　　　)

홍수전   ▼ 🔍

① 과거 시험에 여러 번 떨어졌다.

② 자신이 하느님의 아들이라 주장하였다.

③ 길거리에서 만난 노인에게 칼 한 자루를 받았다.

④ 청나라를 무너뜨리고 하느님이 함께하는 지상 천국을 세우자고 하였다.

3

내용
이해

이 글의 태평천국에 대한 내용과 일치하면 ○표, 일치하지 않으면 X표 해 보세요.

(1) 태평천국은 군대를 새롭게 꾸려 청나라를 멸망시켰다.   (　　　)

(2) 홍수전과 태평천국의 지도자들은 서로 사이좋게 지냈다.   (　　　)

(3) 청나라 군대를 물리치고 양쯔강 주변의 커다란 땅을 차지했다.   (　　　)

(4) 여러 차례 청나라 군대를 쳐부수며 청나라를 크게 위협하였다.   (　　　)

4

내용
적용

이 글의 태평천국 농민과 인터뷰를 했어요. 빈칸에 들어갈 말로 알맞은 것을 골라 보세요.

(　　　)

기자: 홍수전을 믿고 따르는 이유가 무엇입니까?

농민: 제가 홍수전 님을 따르는 이유는 ＿＿＿＿＿＿＿＿＿＿＿＿＿＿

① 강력한 군대로 세계를 정복할 사람이기 때문입니다.

② 우리를 가난과 굶주림에서 구해줄 사람이기 때문입니다.

③ 청나라를 세계 최고의 나라로 성장시킬 사람이기 때문입니다.

④ 우리를 바다 너머 새로운 세계로 데려가 주실 사람이기 때문입니다.

5 빈칸을 채우며 이 글의 내용을 정리해 보세요.

핵심
정리

나라 이름: ① ☐☐☐☐	
건국 연도	1851년
세운 사람	② ☐☐☐
특징	• 하느님의 지상 천국을 세우자며 건국된 나라 • 한때 양쯔강 주변의 넓은 땅을 차지할 정도로 세력이 강했으나, 내부 다툼으로 힘이 크게 약해짐. • 나라가 세워진 지 13년 만에 청나라에 멸망 당함.

어휘 학습

6 낱말의 알맞은 뜻을 찾아 선으로 이어 보세요.

어휘
복습

(1) 낙방 •   • ① 마음이 바르지 않고 악함.

(2) 사악 •   • ② 시험이나 모집에 응하였다가 떨어짐.

(3) 혹세무민 •   • ③ 세상을 어지럽히고 백성을 홀리어 속임.

7 밑줄 친 낱말의 알맞은 뜻을 골라 번호를 써 보세요.

어휘
적용

과거	① (科과목 과 擧들 거) 관리가 되기 위해 치르던 시험. 예 선비가 **과거**에 급제하자, 마을에서 잔치가 열렸다. ② (過지날 과 去갈 거) 이미 지나간 일이나 때. 예 **과거**에는 논밭뿐이던 곳이 지금은 큰 도시가 되었다.

(1) 선비는 과거를 보기 위해 짐을 꾸렸다. ( )

(2) 숨겨져 있던 과거가 드러나자, 그 사람의 얼굴이 하얗게 질렸다. ( )

03

서태후, 청나라를 쥐락펴락하다

서태후가 권력을 틀어쥐고 사치를 일삼은 탓에 나라가 위기에 빠졌어. 과연 청나라의 운명은 어떻게 될까?

 **인물 사전**

서태후
(1835년 ~ 1908년)

청나라 말기에 중국의 권력을 잡은 사람이야. 황제의 어머니로서 어린 황제 대신 나랏일을 맡아봤지만, 사치만 부리며 나라를 기울게 했지.

교과서 핵심어 | ★서태후 ★중국 ★청나라

1861년, 중국 청나라의 황제가 세상을 떠났어. 황제 자리를 이을 황태자는 아직 여섯 살밖에 되지 않은 어린아이였지. 그러자 황태자의 어머니가 앞으로 나섰어.

"우리 아들은 아무것도 모르니 내가 나랏일을 맡도록 하지요."

이렇게 청나라를 쥐락펴락하기 시작한 사람이 바로 서태후야. 16살에 후궁으❶로 궁궐에 들어온 서태후는 야심이 남달랐지.❷

'나는 황제 못지않은 부와 명예를 실컷 누리고 갈 것이다.'

먼저 서태후는 청나라 황실의 별장 이화원을 보수하라고 명령을 내렸어. 서태❸후는 이화원에 머물며 나랏일을 돌볼 생각이었지.

"나랏일을 돌보는 이 몸이 머물 곳이다. 아주 화려하고 웅장하게 짓도록 하라."

몇 년 뒤, 이화원은 몹시 화려한 곳으로 탈바꿈했어. 건물을 번쩍번쩍 빛나는 보석으로 장식하느라 엄청난 비용이 들었지. 서태후는 이화원을 고쳐 짓느라 나랏돈까지 빼돌렸지만, 신하들은 아무 말도 못 하고 우물쭈물 눈치만 보았어.

"태후 마마, 이것 보세요. 가장 좋은 보석으로 골라서 가져왔습니다."

"아주 아름답구나! 내가 사용하는 물건들은 모두 이 보석으로 만들어주게."

서태후는 매일 아름다운 보석과 옷감을 사들였어. 또 아름다움을 지킬 수만 있다면 괴상한 짓도 서슴없이 저질렀지.❹

"희고 고운 피부에 모유가 좋다는 말을 들었소. 모유를 좀 마셔야겠소. 마을로 가서 아이를 낳은 여인이 없는지 찾아보시오."

"마마, 그게 무슨 말씀입니까? 모유는 아기가 먹는 것인데……."

"어디서 말대꾸를! 썩 모유를 구해 오지 못할까!"

---

❶ 후궁(後뒤 후, 宮집 궁) 왕이 아내 외에 데리고 사는 여자. ❷ 야심(野들 야, 心마음 심) 무엇을 이루어 보겠다고 마음 속에 품은 소망. ❸ 보수(補기울 보, 修닦을 수) 건물이나 시설의 낡거나 부서진 부분을 손보아 고침. ❹ 괴상하다(怪기이할 괴, 常항상 상) 보통과 달리 별나고 이상하다.

그러는 사이 청나라는 서서히 몰락하고 있었어. 유럽의 강국들이 청나라를 들락날락하며 땅을 빼앗았고, 백성들은 굶주림에 시달리다 못해 나라를 버리고 먼 곳으로 떠나갔지. 하지만 서태후는 아랑곳하지 않았어.

그러던 어느 날, 뜻밖의 소식이 들려왔어.

"태후 마마! 황제 폐하께서 세상을 떠나셨습니다. 아직 후계자[5]도 정해지지 않았는데, 어쩌면 좋습니까?"

"폐하의 사촌 동생을 다음 황제로 모시면 되지 않소?"

"마마, 폐하의 사촌 동생이라면 이제 겨우 네 살인데⋯⋯."

"그럼 내가 다시 나랏일을 돌보면 될 일 아니오? 어서 데려오시오!"

서태후는 또다시 어린 황제를 앉히고 황제 대신 나랏일을 맡아보았어. 어떻게 해서든 권력을 지켜 사치[6]스러운 생활을 이어 나가려고 했던 거야.

"태후 마마, 나랏돈이 고갈[7]되었습니다. 새 비단옷을 살 돈이 부족합니다."

"그래? 백성들에게 세금을 더 많이 걷으면 해결될 일 아닌가?"

서태후는 백성들에게 거둔 세금으로 세상을 떠나기 직전까지 궁궐에서 호화로운 나날을 보냈어. 그동안 청나라는 손쓸 수 없을 정도로 망가졌지. 결국, 서태후가 세상을 떠나고 몇 년 후 청나라는 멸망하고 말았어.

⑤ 후계자(後뒤 후, 繼이을 계, 者사람 자) 어떤 일이나 사람의 뒤를 잇는 사람. ⑥ 사치(奢사치할 사, 侈사치할 치) 돈과 물건을 쓸데없이 펑펑 쓰는 것. ⑦ 고갈(枯마를 고, 渴마를 갈) 돈이나 물자가 다하여 없어짐.

1 이 글을 읽고 다음 문장에 들어갈 알맞은 말을 골라 ○표 해 보세요.

중심
내용

청나라의 (황제 / 서태후)는 권력을 장악하고 온갖 사치를 일삼았다.

2 이 글의 서태후에 대한 설명으로 알맞은 것을 <u>모두</u> 선으로 이어 보세요.

인물
이해

① 청나라 황제의
어머니였다.

② 죽을 때까지 호화로운
생활을 누렸다.

서태후

③ 나랏돈을 빼돌려
이화원을 보수하였다.

④ 가진 금은보화를 백성에게
나누어주었다.

3 이 글을 읽고 다음 뉴스에 이어질 상황으로 알맞은 것을 골라 보세요. (   )

추론

아나운서: 속보입니다. 청나라 황제가 후계자를 남기지 않고 세상을 떠났습니다.

① 서태후가 직접 황제가 되어 청나라를 다스렸다.

② 황제의 어린 사촌 동생이 새로운 황제가 되었다.

③ 황제 자리를 두고 큰 전쟁이 일어나 많은 사람이 목숨을 잃었다.

④ 유럽의 강국들이 청나라로 쳐들어와 서태후를 내쫓고 새로운 황제를 세웠다.

4 이 글을 읽고 사진에 대해 알맞게 설명한 사람을 <u>모두</u> 골라 보세요. (,   )

자료
해석

▲ 청나라 황실의 별장이었던 이화원

① 두기: 서태후는 이곳에서 나랏일을 아주 잘
돌보았대.

② 수재: 서태후는 이곳에 머물며 온갖 사치를
일삼았어.

③ 하다: 적의 침입을 막기 위해 높고 튼튼하게
건물을 지었어.

④ 선애: 화려한 모습을 보니 서태후가 나랏돈을
많이 썼겠는걸.

5 빈칸을 채우며 이 글의 내용을 정리해 보세요.

핵심
정리

어린 황제가 즉위하자, 황제의 어머니인 ① □□□ 가 나랏일을 맡아보

았다. 권력을 한 손에 쥔 그녀는 사치를 일삼으며 나랏돈을 마구 낭비했다. 결국, 그녀가 세

상을 떠난 지 얼마 되지 않아 ② □□□ 는 멸망하였다.

어휘 학습

6 낱말의 알맞은 뜻을 찾아 선으로 이어 보세요.

어휘
복습

(1) 사치 •   • ① 돈이나 물자가 다하여 없어짐.

(2) 고갈 •   • ② 보통과 달리 별나고 이상하다.

(3) 괴상하다 •   • ③ 돈이나 물건을 쓸데없이 펑펑 쓰는 것.

7 밑줄 친 낱말의 알맞은 뜻을 골라 번호를 써 보세요.

어휘
적용

보수	① (報갚을 보 酬갚을 수) 일한 대가로 주는 돈이나 물품. 예 사장님은 직원들이 일한 만큼 **보수**를 지급했다. ② (補기울 보 修닦을 수) 건물이나 시설의 낡거나 부서진 부분을 손보아 고침. 예 우리 가족은 이사를 가는 대신 낡은 집을 **보수**하여 새 집처럼 꾸미기로 결정했다. ③ (保지킬 보 守지킬 수) 새로운 것이나 변화를 받아들이기보다는 전통을 유지함. 예 그 사람은 전통을 중요하게 여기는 **보수**주의자이다.

(1) 이 직업은 하는 일에 비해 보수가 적은 편이다.　　　　　　　　　(　　)

(2) 벽에 금이 가자, 아파트 주민들은 건설사에게 보수를 요구하였다.　(　　)

04 페리 제독의 검은 배, 일본의 문을 열다

미국의 페리 제독이 검은 배를 이끌고 와서 일본을 위협했어! 페리 제독은 도대체 왜 일본에 왔을까?

매튜 페리
(1794년 ~ 1858년)
미국의 군인이야. 일본을 위협해 나라의 문을 열고, 일본에 불평등조약을 강요했지.

| 교과서 핵심어 | ★페리 제독 ★에도 ★일본 ★미국 |

"여러분, 여러분! 큰일 났어요. 에도 앞바다에 서양 배가 나타났어요!"

1853년 여름, 일본에서 가장 큰 도시인 에도는 갑작스러운 소식에 시끌벅적했어. 미국에서 온 커다란 서양 배 네 척이 에도 앞바다에 갑자기 모습을 드러낸 거야. 일본 사람들은 배가 잘 보이는 언덕에 구름처럼 몰려들었지.

"저놈들이 무슨 일로 온 걸까? 설마 우리를 공격하려는 걸까?"

"어휴, 무서워라. 꼭 악마의 배 같구먼!"

미국에서 온 서양 배는 새카만 색이었고, 연기까지 풀풀 뿜고 있었어. 사람들은 수군거리며 침을 꼴깍 삼켰지.

그때, 배의 포문이 열리더니 별안간 하늘이 터질 듯 커다란 소리가 울려 퍼졌어.

"쿠과광!"

"으아아! 도망치자! 서양 오랑캐가 일본에 쳐들어왔다!"

구경꾼들은 대포 소리에 혼비백산해서❶ 이리저리로 흩어졌어. 배에 타고 있는 미국의 페리 제독❷은 이 모습을 바라보며 흐뭇하게 웃었지.

미국 왔다! 문 열어라!

"이제 겁 좀 먹었겠지? 슬슬 에도에 사람을 보내라."

사실 일본은 지난 수백 년 동안 나라의 문을 꽁꽁 닫은 채 서양 나라와의 교류를 꺼리고 있었어. 페리 제독은 일본의 문을 활짝 열라는 미국 정부의 명령을 받고 먼 길을 달려온 참이었지.

당시 미국을 비롯한 서양 여러 나라는 중

❶ 혼비백산(魂넋 혼, 飛날 비, 魄넋 백, 散흩어질 산) 몹시 놀라 정신이 나감. ❷ 제독(提끌 제, 督감독할 독) 해군 함대의 사령관. ❸ 지하자원(地땅 지, 下아래 하, 資재물 자, 源근원 원) 땅속에 묻혀 있는 자원으로, 철, 석탄, 석유와 같은 광산물을 이름. ❹ 진귀하다(珍보배 진, 貴귀할 귀) 보배롭고 보기 드물게 귀하다.

국에 관심이 많았어. 중국은 지하자원이 풍부하고 도자기 같은 진귀한 물건도 많은 나라였거든. 교역만 잘하면 많은 돈을 벌 수 있었지.

하지만 미국에서 중국으로 가려면 머나먼 태평양을 건너야 했어. 그런데 일본은 태평양을 건너면 바로 보이는 곳이라, 미국 배가 잠시 쉬었다 갈 장소로 안성맞춤이었던 거야.

"일본은 하루빨리 나라의 문을 여시오. 그렇지 않으면 진짜로 뜨거운 대포 맛을 보게 될 거요."

페리 제독의 요구에 일본 정부는 큰 혼란에 빠졌어.

"나라의 문을 열면 큰 혼란이 생길 겁니다. 맞서 싸웁시다."

"안 됩니다! 놈들의 배는 무시무시한 대포로 무장했습니다. 우리가 가진 무기로는 도저히 맞설 수가 없어요! 요구대로 나라의 문을 열어야 합니다."

의견은 좀처럼 하나로 좁혀지지 않았어. 하지만 서양 배의 무시무시한 위력에 겁을 먹은 사람이 더 많았지. 그래서 일본은 나라의 문을 열고 미국과 교역을 하기로 조약을 맺었어. 이 소문은 유럽의 다른 나라에도 금세 퍼졌어.

"미국이 일본과 교역을 시작했다는군! 우리도 늦기 전에 갑시다!"

미국의 뒤를 이어 여러 서양 나라들이 일본에 사람을 보냈어. 일본은 영국, 러시아, 프랑스와도 잇따라 조약을 맺고 나라의 문을 열기로 약속했지. 오랜 세월 굳게 닫혀 있던 일본의 문은 이렇게 활짝 열렸어.

에도

오늘날 일본의 수도인 도쿄의 옛 이름이야. 원래는 일본 동부의 작은 도시였지만, 도쿠가와 이에야스가 권력을 잡은 이후 일본의 중심지가 되었지.

---

❺ 안성맞춤 조건이나 상황이 어떤 경우나 처지에 잘 어울림. ❻ 요구(要필요할 요, 求구할 구) 필요하거나 받아야 할 것을 달라고 청함. ❼ 위력(威위엄 위, 力힘 력) 상대를 압도할 만큼 강력함. ❽ 조약(條가지 조, 約맺을 약) 국가끼리 합의하에 법적으로 지켜야 할 권리와 의무를 규정함.

1 이 글을 읽고 다음 문장에 들어갈 알맞은 말을 골라 ○표 해 보세요.

중심 내용

> (일본 / 중국)은 (영국 / 미국)의 페리 제독이 배를 끌고 온 사건을 계기로 나라의 문을 열었다.

2 이 글의 페리 제독에 대한 설명으로 알맞은 것을 골라 보세요. (   )

인물 이해

① 일본의 제독이었다.

② 일본의 검은 배를 보고 겁에 질려 도망쳤다.

③ 일본 사람들을 겁주기 위해 배 위에서 대포를 쏘았다.

④ 미국 정부의 명령을 무시하고 일본으로 배를 끌고 갔다.

3 이 글을 읽고 다음 질문에 대한 대답으로 알맞은 것을 골라 보세요. (   )

내용 이해

> 미국은 왜 일본에 나라의 문을 열라고 했나요?

① 일본에는 지하자원과 진귀한 물건이 많았기 때문에

② 일본이 영국, 러시아, 프랑스에게만 나라의 문을 열었기 때문에

③ 일본이 오랫동안 나라 문을 꽁꽁 닫고 있었던 게 괘씸했기 때문에

④ 중국과 교역하러 건너온 미국 배가 중간에 머물기 좋은 곳이 일본이었기 때문에

4 이 글의 일본 사람이 쓴 일기예요. 이 글의 내용과 일치하지 않는 것을 골라 보세요.

내용 적용

(   )

> **새카맣고 무서운 배를 보다!**
>
> 날짜: 1853년 ○○월 ○○일   날씨: **맑음**
>
> 오늘 바닷가에서 ① 새카맣고 연기가 풀풀 나는 커다란 배 네 척을 보았다. 갑자기 ② 배에서 커다란 대포 소리가 나자, 사람들이 모두 놀라 도망갔다. 사람들 말로는 그 배는 ③ 네덜란드가 우리 일본과 교역하기 위해서 보낸 것이라고 하였다. 일본 정부에서는 ④ 서양 사람들이 교역을 하자는 요구를 들어줄 것이라 한다.

▶ 정답과 풀이 3쪽

5 빈칸을 채우며 이 글의 내용을 정리해 보세요.

핵심
정리

미국의 ① ☐☐ 제독이 새카만 배를 타고 나타나 대포를 쏘며

나라의 문을 열 것을 요구하였다.

⬇

미국의 요구에 대해 찬성파와 반대파의 의견이 좀처럼 좁혀지지 않았지만,

결국 나라의 문을 열기로 결정하였다.

⬇

이후 영국, 러시아, 프랑스 같은 여러 나라가 ② ☐☐ 과 교역을 시작하였다.

어휘 학습

6 낱말의 알맞은 뜻을 찾아 선으로 이어 보세요.

어휘
복습

(1) 요구 •   • ① 상대를 압도할 만큼 강력함.

(2) 위력 •   • ② 보배롭고 보기 드물게 귀하다.

(3) 진귀하다 •   • ③ 필요하거나 받아야 할 것을 달라고 청함.

7 다음 설명을 읽고 밑줄 친 낱말이 알맞게 쓰인 문장을 골라 보세요. (   )

어휘
적용

'안성맞춤'이란 조건이나 상황이 어떤 경우나 처지에 잘 어울리는 걸 뜻하는 말이에요. 예전에, 경기도 안성 지방에 놋그릇을 주문하면 주문한 사람의 마음에 쏙 들 정도로 훌륭하게 만들어 주었다는 이야기에서 유래했지요.

① 우리는 서로의 어깨를 안성맞춤하고 나란히 길을 걸었다.
② 기차 시간에 늦지 않게 안성맞춤하려면 집에서 일찍 나와야 한다.
③ 이 자는 너무 짧아서 길쭉한 물건의 길이를 재는 데 안성맞춤이다.
④ 그 집은 허름하고 버려진 지 오래여서 공포 영화를 찍기 안성맞춤이었다.

05 이와쿠라 사절단, 메이지 유신을 이끌다

일본이 메이지 유신을 통해 모든 걸 싹 바꾸었대! 과연 새롭게 바뀐 일본의 모습은 어땠을까?

| 교과서 핵심어 | ★이와쿠라 사절단　★일본　★메이지 유신 |

나라의 문이 열린 뒤, 많은 서양 사람들이 일본을 찾았어. 일본 사람들은 어떻게 하면 서양 여러 나라들처럼 강한 나라를 만들 수 있을지 궁금했지.

"서양은 산업화를 이뤄서 그렇게 발전하게 된 거래요."

"그럼 서양으로 가서 산업화의 비결❶을 직접 배워옵시다!"

일본 정부는 미국과 유럽에 사절단❷을 보내기로 했어. 사절단에 참여한 대표의 이름을 따서 '이와쿠라 사절단'이라고 불렸지. 이와쿠라 사절단은 나랏일을 돌보는 관리, 유명한 학자, 그리고 남녀 학생 수십 명으로 이루어졌어.

1871년 이와쿠라 사절단은 태평양을 건너 미국으로 갔어. 그리고 약 2년에 걸쳐 영국, 독일, 프랑스 같은 유럽 주요 나라를 두루 둘러보았지.

"나라 구석구석이 철도로 연결돼 있네?"

"헉, 건물을 어떻게 저렇게 높이 지을 수 있지?"

"저렇게 많은 물건을 저렇게 빨리 뚝딱 만들어 내는 기계가 있다니!"

머리부터 발끝까지 서양식으로! 그게 바로 일본이 살 길이다!

이와쿠라 사절단은 서양을 순방❸하며 큰 충격을 받았어. 서양은 막연히 상상했던 것보다 훨씬 더 발전해 있었거든. 나라를 다스리기 위한 법과 제도도 잘 갖추어져 있었고, 각종 학문의 발달도 놀라운 수준이었지.

"머리부터 발끝까지 서양식으로 바꿔야 합니다!"

일본에 돌아온 이와쿠라 사절단은 일본이 발전하려면 서양을 몽땅 따라 해야 한다고

---

❶ 비결(祕숨길 비, 訣이별할 결) 세상에 알려지지 않은 자신만의 방법. ❷ 사절단(使시킬 사, 節마디 절, 團모을 단) 나라를 대표하여 일정한 사명을 띠고 외국에 파견되는 사람들의 무리. ❸ 순방(巡돌 순, 訪찾을 방) 나라나 도시 등을 차례로 돌아가며 방문함.

목소리를 높였어. 일본 정부는 이와쿠라 사절단의 조언에 따라 먼저 제철소부터 세웠지. 그리고 제철소에서 만든 철로 나라 곳곳에 철도를 건설했어. 무기를 만드는 각종 공장도 세웠지.

"서양의 발전된 학문을 배우고 돌아와 나라에 이바지하시오!"

"감사합니다. 유학을 마치고 돌아오면 나라의 발전을 위해 열심히 일하겠습니다!"

이와쿠라 사절단은 나라가 발전하려면 인재를 키우는 것도 중요하다고 생각했어. 그래서 젊은이들을 서양으로 유학을 보내 앞선 학문과 기술을 배워오게 했지.

"어린이 여러분, 따라 해 보세요. 에이, 비, 씨……."

"에이, 비, 씨, 디……."

또 국내에는 학교를 세워 여섯 살 이상의 모든 어린이에게 과학과 수학, 영어 등 서양식 교육을 시행했어.

"이참에 겉모습도 서양식으로 싹 바꿉시다!"

일본 사람들은 머리를 서양 사람들처럼 짧게 잘랐어. 그리고 서양 사람처럼 양복에 구두를 신고 고기와 빵을 즐겨 먹기 시작했지.

이처럼 일본이 나라의 모든 것을 서양식으로 바꿔 나간 개혁을 '메이지 유신'이라고 해. 당시 일본의 천황이 메이지 천황이었기 때문에 붙은 이름이야. 메이지 유신 덕분에 일본은 아시아에서 제일 먼저 산업화를 이루고 급속도로 발전했어.

 역사 사전

산업화
전통적인 농업 사회에서 벗어나 기계화, 공업화를 통해 사회가 변해 가는 모습을 말해.

메이지 유신
1868년부터 약 30여 년에 걸쳐 진행된 일본 사회의 변화 과정을 의미해. 메이지 유신을 통해 일본은 아시아의 강국으로 거듭났어.

---

❹ 조언(助도울 조. 言말씀 언) 말로 거들거나 깨우쳐 주어서 도움. ❺ 제철소(製지을 제. 鐵쇠 철. 所장소 소) 철광석을 용광로에 녹여 철을 뽑아내는 일을 하는 곳. ❻ 이바지 도움이 되게 함. ❼ 시행(施베풀 시. 行다닐 행) 실제로 행함. ❽ 유신(維벼리 유. 新새로울 신) 낡은 제도를 고쳐 새롭게 함.

1 이 글의 중심 내용으로 알맞은 것을 골라 보세요. (   )

중심 내용

① 일본의 우수한 전통 문화

② 이와쿠라 사절단의 구성원

③ 서양식 학교 교육의 문제점

④ 나라를 서양식으로 새롭게 바꾼 일본

2 이 글의 이와쿠라 사절단에 대한 내용과 일치하면 〇표, 일치하지 않으면 ✕표 해 보세요.

내용 이해

(1) 서양을 돌아보며 앞선 기술과 학문에 깜짝 놀랐다. (   )

(2) 서양의 모든 것을 본받을 필요는 없다고 생각했다. (   )

(3) 사절단의 이름은 당시 천황의 이름을 따서 지어졌다. (   )

(4) 나랏일을 돌보는 관리와 유명한 학자, 학생들로 구성되었다. (   )

3 이 글을 연극으로 만들었어요. 빈칸에 들어갈 대사로 알맞지 <u>않은</u> 것을 골라 보세요.

내용 적용

(   )

> 일본 천황: (몹시 반기며) 외국을 둘러보며 어떤 걸 느꼈소?
>
> 이와쿠라 사절단: _____

① 일본은 반드시 서양을 따라 배워야 합니다.

② 서양 여러 나라는 생각보다 훨씬 더 발전되어 있었습니다.

③ 우리가 강국이 되려면 서양처럼 산업화를 먼저 이뤄야 합니다.

④ 서양 사람들은 일본의 발전된 법과 제도를 배워 가려고 했습니다.

4 이 글의 일본 사람이 쓴 편지예요. 이 글의 내용과 일치하지 <u>않는</u> 것을 골라 보세요.

내용 적용

(   )

> 시골에 계시는 어머니께,
>
> 메이지 유신 덕분에 일본은 많이 변했습니다. 도시 곳곳에는 ① <u>제철소와 철도가 건설되었어요.</u> 또 학교에서는 ② <u>모든 어린이가 서양식 교육을 받지요.</u> 하지만 ③ <u>전통을 지키기 위해 서양처럼 머리를 짧게 자르지는 않는다고 합니다.</u> 한편으로는, ④ <u>양복을 입고 구두를 신은 사람이 길가에 많이 보입니다.</u>

5 빈칸을 채우며 이 글의 내용을 정리해 보세요.

핵심
정리

일본은 강국으로 거듭나기 위해 ① ☐☐☐☐ 사절단을 외국에 보내 산업화의 비결을 알아 오게 했다. 돌아온 사절단의 조언에 따라 일본은 모든 것을 서양식으로 바꾸는 ② ☐☐☐ ☐☐ 을 실시했다. 이로 인해 일본은 아시아에서 제일 먼저 산업화를 이루고 급속도로 발전했다.

어휘 학습

6 낱말의 알맞은 뜻을 찾아 선으로 이어 보세요.

어휘
복습

(1) 조언 •

(2) 유신 •

(3) 사절단 •

• ① 낡은 제도를 고쳐 새롭게 함.

• ② 말로 거들거나 깨우쳐 주어서 도움.

• ③ 나라를 대표하여 일정한 사명을 띠고 외국에 파견되는 사람들의 무리.

7 빈칸에 들어갈 알맞은 낱말을 보기 에서 찾아 문장을 완성해 보세요.

어휘
적용

| 보기 | 비결 | 순방 | 제철소 | 이바지 | 시행 |

(1) 오늘부터 새로운 법이 _____될 예정이다.
ㄴ, 실제로 행함.

(2) 할아버지는 우리나라의 독립에 _____하셨다.
ㄴ, 도움이 되게 함.

(3) 그 식당의 _____은 신선한 재료를 쓰는 것이다.
ㄴ, 세상에 알려지지 않은 자신만의 방법.

미로 탈출하며 핵심어 찾기!

🔍 아이들이 미로를 탈출하며 만난 핵심어를 빈칸에 써 보세요. 그리고 핵심어에 알맞은 설명을 찾아 연결해 보세요.

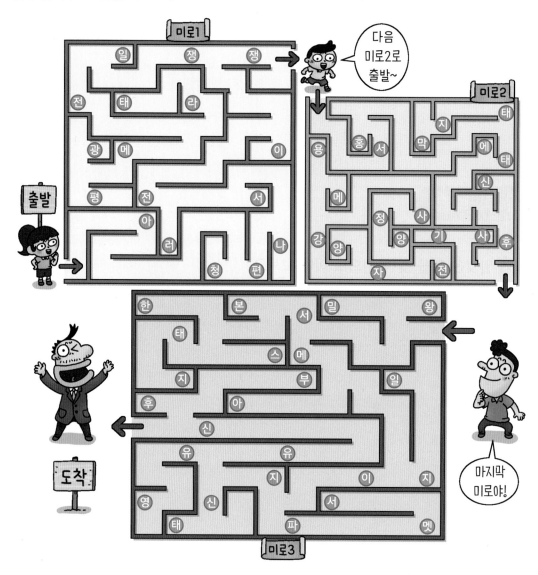

미로 1의 핵심어 _____ •

• 1800년대 청나라에 유행한 마약 때문에 청나라와 영국이 치른 전쟁이야.

미로 2의 핵심어 _____ •

• 어린 황제의 어머니였던 ○○○는 사치를 부리며 청나라를 쥐락펴락했어.

미로 3의 핵심어 _____ •

• 일본이 나라의 모든 것을 서양식으로 바꿔 나간 것을 ○○○ ○○이라고 해.

인류 최초로 남극을 정복한 사람은 누구일까? 함께 알아보자!

2주

	1904년	1910년	1911년	1914년	1917년	1919년
	러일전쟁 (~1905년)	국권 피탈	아문센, 남극점 정복	제1차 세계 대전 (~1918년)	러시아 혁명	3·1운동

회차	학습 내용	교과서 핵심어	교과 연계	학습 계획일
06	**일본**, 아시아 제일의 나라로 우뚝 서다	★ 일본 ★ 조선 ★ 러시아 ★ 러일전쟁	【중학 역사 I】 4. 제국주의 침략과 국민 국가 건설 운동 ④ 동아시아의 국민 국가 건설 운동	월 일
07	**아문센**, 인류 최초로 남극점에 도달하다	★ 아문센 ★ 노르웨이 ★ 남극점	【중학 역사 I】 4. 제국주의 침략과 국민 국가 건설 운동 ② 유럽의 산업화와 제국주의	월 일
08	최초로 **세계 대전**이 일어나다	★ 유럽 ★ 사라예보 ★ 제1차 세계 대전	【중학 역사 I】 5. 세계 대전과 사회 변동 ① 세계 대전과 국제 질서의 변화	월 일
09	수많은 목숨을 빼앗은 **제1차 세계 대전**	★ 제1차 세계 대전 ★ 참호전 ★ 총력전	【중학 역사 I】 5. 세계 대전과 사회 변동 ① 세계 대전과 국제 질서의 변화	월 일
10	**레닌**, 러시아 혁명을 이끌다	★ 레닌 ★ 공산당 ★ 러시아 혁명 ★ 소련	【중학 역사 I】 5. 세계 대전과 사회 변동 ① 세계 대전과 국제 질서의 변화	월 일

역사 놀이터	핵심어로 사다리 타기!

| 아시아 |

06 일본, 아시아 제일의 나라로 우뚝 서다

일본과 러시아는 왜 전쟁을 벌였을까? 어떤 나라가 승리를 거두었는지 함께 알아보자고!

| **교과서 핵심어** | ★일본 ★조선 ★러시아 ★러일전쟁 |

"하하하, 이제 일본도 서양 못지않게 강하다!"

메이지 유신을 성공적으로 끝낸 일본은 몰라보게 강력한 나라가 되었어. 영국이나 프랑스처럼 강력한 군함^❶도 갖게 되었고, 서양식으로 훈련 받은 군대도 만들었지.

이렇게 강한 힘을 갖게 된 일본은 이웃 나라 조선을 노리기 시작했어. 조선의 고종은 크게 걱정이 되었지.

"이러다가 일본이 우리 조선을 삼켜버릴 것이오. 무슨 좋은 수가 없겠소?"

"북쪽의 러시아에 도움을 요청하면 어떻겠습니까? 일본이 강해졌다고는 하지만, 거대한 러시아의 힘을 이기지는 못할 것입니다."

고종은 러시아의 도움을 받기로 했어. 러시아는 영국이나 프랑스 같은 나라도 얕보지 못하는 강대국^❷이었거든. 모두들 일본이 러시아를 이길 수 없다고 생각했지.

"조선이 도움을 요청했다고? 하하, 이참에 일본에 본때를 보여줘야겠군!"

러시아는 곧장 조선에 군대를 보냈어. 일본은 크게 난처해졌지^❸. 일본 사람들은 어떻게 해야 조선을 차지할 수 있을지 논의^❹를 시작했어.

"조선을 차지하려면, 결국 러시아를 물리치는 수밖에 없습니다."

"그런데 우리 일본이 러시아를 이길 수 있을까요?"

"러시아의 군대는 대부분 멀리 유럽 쪽에 있어요. 군대가 한반도 근처까지 오는 데에만 몇 달은 걸립니다. 우리는 그 틈을 노려 기습하면 됩니다."

결국, 일본은 러시아를 먼저 공격하기로 했어. 일본 군함들은 러시아 군함이 머무는 황해에 나타나 포탄을 쏟아부었지^❺.

---

❶ 군함(軍군사 군, 艦큰배 함) 해군이 전투를 치르는 데 쓰이는 배. ❷ 강대국(強강할 강, 大큰 대, 國나라 국) 군사력이 강하고 영토가 넓어 힘이 센 나라. 반대말은 약소국. ❸ 난처하다(難어려울 난, 處처할 처) 이럴 수도 저럴 수도 없어 곤란하다. ❹ 논의(論논할 논, 議의논할 의) 어떤 문제에 대하여 서로 의견을 내어 토의함.

"쾅~! 쾅~!"

"비겁한 일본 놈들! 우리를 기습하다니!"

이렇게 러일전쟁이 시작됐어. 일본의 예상대로 러시아의 군대는 대부분 유럽 쪽에 있었어. 그래서 한반도 근처에서는 좀처럼 일본과 제대로 맞서 싸우지 못 했지.

"함대를 출동시켜라. 일본 놈들에게 본때를 보여주겠다!"

결국, 유럽에 있던 러시아 함대가 뒤늦게 출동했어. 하지만 드넓은 바다를 건 너 한반도까지 가는 데에만 무려 8개월이 걸렸지. 일본 함대는 대한 해협에서 기 다리고 있다가 러시아 함대가 도착하자마자 공격을 시작했어.

"적을 쳐부숴라! 한 척도 살려 보내서는 안 된다."

잔뜩 지쳐 있던 러시아 함대는 무기력하게 침몰하고 말았지. 러일전쟁은 이렇 게 일본의 승리로 끝났어. 예상 밖의 결과에 사람들은 모두 깜짝 놀랐어.

"일본이 러시아를 꺾었다고? 더 이상 일본을 우습게 봐서는 안 되겠군."

서양 여러 나라는 여태까지 무시했던 일본을 다시 보게 되었어. 이제 일본은 서양 여러 나라와 어깨를 나란히 했지. 영국은 일본과 더욱 친하게 지내려고 했 고, 미국도 일본 편에 섰어. 이로써 일본은 아시아 제일의 나라가 된 거야.

이젠 일본도 서양에 뒤지지 않는 나라야!

우리 러시아가 일본에게 지다니~!

 역사 사전

러일전쟁

1904년, 러시아와 일본이 한 반도, 만주를 배경으로 벌인 전쟁이야. 일본이 예상을 뒤 집고 강대국 러시아에 승리 를 거뒀지.

 **지리 사전**

대한 해협

우리나라와 일본 사이에 있 는 좁은 해협이야. 가운데에 는 쓰시마섬이 있어.

⑤ 포탄(砲대포 포, 彈탄알 탄) 대포의 탄알. ⑥ 예상(豫미리 예, 想생각할 상) 어떤 일을 직접 당하기 전에 미리 생각하여 둠. ⑦ 침몰(沈잠길 침, 沒빠질 물) 물속에 가라앉음.

1 이 글을 읽고 다음 문장에 들어갈 알맞은 말을 골라 ○표 해 보세요.

중심
내용

> 러일전쟁에서 (승리 / 패배)한 일본은 아시아 제일의 (강대국 / 약소국)이 되었다.

2 이 글의 러일전쟁에 대한 검색 결과로 알맞지 <u>않은</u> 것을 골라 보세요. (   )

내용
이해

> 러일전쟁 ▼ 🔍

① 러시아와 일본이 맞붙은 전쟁이다.

② 일본이 조선을 차지하기 위해 일으킨 전쟁이다.

③ 러시아 함대가 일본 함대를 공격하면서 전쟁이 시작되었다.

④ 전쟁이 벌어졌을 때, 러시아 함대는 대부분 유럽 쪽에 머무르고 있었다.

3 이 글의 일본군 대장과 인터뷰를 했어요. 빈칸에 들어갈 말로 알맞은 것을 골라 보세요.

내용
적용

(   )

> 기자: 러시아를 이길 수 있었던 비결이 무엇인가요?
>
> 일본군 대장: _____

① 청나라가 우리를 도왔기 때문입니다.

② 러시아군의 기습을 잘 막아냈기 때문입니다.

③ 일본군이 세계에서 가장 큰 전함을 가지고 있었기 때문입니다.

④ 러시아 함대가 대한 해협까지 오는 데에만 몇 달은 걸렸기 때문입니다.

4 다음 신문 기사에서 이 글의 내용과 일치하지 <u>않는</u> 것을 골라 보세요. (   )

내용
적용

○○ 일보
1905년 ○○월 ○○일

〈속보〉 일본, 아시아의 강대국으로 발돋움하나?

일본은 러시아 함대를 침몰시키고 전쟁에서 승리를 거두었다. ① <u>예상치 못한 승리에 많은 서양 강국이 놀랐다.</u> 전쟁에서의 승리로 ② <u>일본은 서양 여러 나라와 어깨를 나란히 하게 되었다.</u> 또한, ③ <u>영국은 일본과 더욱 가까이 지내겠다고 밝혔다.</u> ④ <u>하지만, 미국은 일본의 편에 설 수 없다고 입장을 밝혔다.</u>

5 빈칸을 채우며 이 글의 내용을 정리해 보세요.

핵심
정리

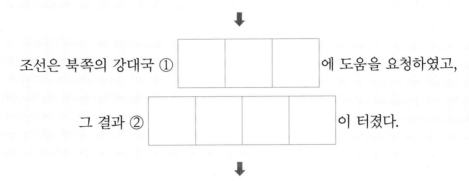

메이지 유신을 성공한 일본은 강한 나라가 되었고, 이웃한 조선을 노리고 있었다.

⬇

조선은 북쪽의 강대국 ① ☐☐☐ 에 도움을 요청하였고,

그 결과 ② ☐☐☐☐ 이 터졌다.

⬇

일본은 전쟁에서 승리하였다.

이후 일본은 서양 여러 나라와 어깨를 나란히 하는 강국이 되었다.

어휘 학습

6 낱말의 알맞은 뜻을 찾아 선으로 이어 보세요.

어휘
복습

(1) 논의 •

(2) 예상 •

(3) 강대국 •

• ① 군사력이 강하고 영토가 넓어 힘이 센 나라.

• ② 어떤 문제에 대하여 서로 의견을 내어 토의함.

• ③ 어떤 일을 직접 당하기 전에 미리 생각하여 둠.

7 보기 에서 알맞은 낱말을 찾아 밑줄 친 말을 바꾸어 써 보세요.

어휘
적용

보기   군함   난처하다   포탄   침몰

(1) 보물을 잔뜩 실은 배가 해적들의 공격을 받아 물속에 가라앉았다.

➡ 보물을 잔뜩 실은 배가 해적들의 공격을 받아 (   )했다.

(2) 친구가 집에 가지 않겠다고 고집을 부려 이럴 수도 저럴 수도 없어 곤란하다.

➡ 친구가 집에 가지 않겠다고 고집을 부려 (   ).

07

아문센, 인류 최초로 남극점에 도달하다

남극점을 향한 도전이 시작됐어! 과연 아문센은 어떻게 남극점을 정복했을까?

인물 사전

로알 아문센
(1872년 ~ 1928년)

노르웨이의 탐험가야. 인류 최초로 남극점에 도달했지. 인류 최초로 북극점 하늘을 비행한 사람이기도 해.

| 교과서 핵심어 | ★아문센 ★노르웨이 ★남극점 |

노르웨이에 큰 꿈을 품은 아문센이란 소년이 있었어. 아문센이 태어난 1800년대에는 나라들 사이에서 오지① 탐험이 크게 유행하고 있었지.

오지는 사람이 살 수 없을 정도로 가혹한② 곳이야. 인간이 아무런 장비③ 없이 맨몸으로 아주 높은 산이나 물 한 모금 마시기 어려운 사막을 정복한다는 건 불가능에 가까운 일이지. 그래서 많은 나라들이 오지를 탐험하기 위해 추위에도 얼어 터지지 않는 통조림이나 눈밭에서도 빠르게 움직일 수 있는 썰매차 같은 장비를 열심히 개발했어. 오지 탐험은 최신 기술을 선보이는 무대였던 거야.

그러니 인류가 가 보지 못했던 곳을 정복하는 건 나라의 큰 자랑이었어. 오지를 정복한 탐험가들은 나라를 빛낸 영웅 대접을 받았지. 아문센도 어린 시절부터 탐험가들이 쓴 책을 읽으며 탐험가를 꿈꿨어.

"위대한 탐험가가 되어 남극점을 정복할 거야!"

여러 오지 중에서도 남극점이 아문센의 마음을 사로잡았어. 남극 대륙의 한복판인 남극점은 겨울이면 영하 100도 가까이 떨어지는 무시무시한 곳이었거든.

"아문센! 오늘도 창문을 열어놓고 잤니?"

"어머니, 이건 추위에 적응하는 훈련이라고요!"

아문센은 추운 겨울에도 창문을 열고 덜덜 떨며 자다가 어머니께 혼나기 일쑤였어.

'어떻게 하면 남극점에 첫발을 내딛을 수 있을까?'

어른이 된 아문센은 본격적으로 남극점에 갈 준비를 시작했어. 아문센은 먼저 북극에 사는 원주민④을 연구했어. 북극 원주민들과 겨울을 함께 지내면서 어떻게 추위를 이겨내는지 꼼꼼하게 조사했지.

---

① 오지(奧깊을 오, 地땅 지) 해안이나 도시에서 멀리 떨어져 사람이 잘 오가지 않는 땅. ② 가혹(苛가혹할 가, 酷심할 혹) 몹시 사납고 독하며 정도가 지나침. ③ 장비(裝꾸밀 장, 備갖출 비) 갖추어 차림. ④ 원주민(原근원 원, 住살 주, 民백성 민) 그 지역에 본디부터 살고 있는 사람들.

'북극 원주민의 가죽옷이 우리가 만든 방한복보다 훨씬 따뜻한걸?'

'원주민처럼 스키와 개 썰매를 타면 얼음 위에서도 문제없겠어!'

아문센은 북극 원주민의 전통 방식이 추위를 이겨내는 데 알맞다는 것을 깨달았어. 아문센은 남극까지 배를 몰기 위해 선장 자격증을 따고, 변화무쌍한 남극 날씨를 예측하기 위해 기상학도 공부했지. 마침내 모든 준비를 끝낸 아문센은 탐험대를 이끌고 남극 대륙에 도착했어.

"으윽, 아문센 대장님! 눈보라 때문에 앞이 안 보입니다."

"여러분, 우리는 할 수 있다! 반드시 해낼 것이다!"

남극 대륙은 예상보다 더 험했어. 아문센과 아홉 명의 대원들은 여태껏 경험하지 못한 날씨에 당황했지. 그래도 아문센은 추위를 뚫고 남극점을 향해 나아갔어.

"아문센 대장님! 먹을 것이 부족합니다."

"어쩔 수 없구나. 썰매 개를 잡아라!"

아문센과 대원들은 필요하면 개까지 잡아먹으며 버텼어.

"와! 드디어 남극점이다! 해냈다!"

마침내 1911년 12월 14일, 아문센은 탐험을 떠난 지 56일 만에 남극점에 도착했어. 철저한 준비 끝에 세계 최초로 남극점에 도달한 거야. 아문센은 노르웨이의 영웅이 되었지.

지리 사전

노르웨이

북유럽 스칸디나비아반도에 위치한 나라야. 수도는 오슬로지. 노르웨이는 오늘날 세계에서 손꼽히는 산유국이야.

---

❺ 방한복(防막을 방, 寒찰 한, 服옷 복) 추위를 막고자 입는 옷. ❻ 변화무쌍(變변할 변, 化될 화, 無없을 무, 雙두 쌍) 변하는 정도가 비할 데 없이 심함. ❼ 기상학(氣기운 기, 象형상 상, 學배울 학) 대기와 대기 중의 여러 현상을 연구하는 학문. 주로 날씨를 연구한다. ❽ 도달(到이를 도, 達통달할 달) 목적한 곳이나 일정한 수준에 다다름.

1 이 글의 중심 내용으로 알맞은 것에 ○표 해 보세요.

중심
내용

① 남극 탐험의
어려움

② 오지 탐험을 위한
다양한 기술들

③ 세계 최초로 남극점에
발을 딛은 아문센

☐   ☐   ☐

2 이 글의 아문센에 대한 설명으로 알맞지 <u>않은</u> 것을 골라 보세요. (   )

인물
이해

① 어른이 된 후에 탐험가를 꿈꿨다.

② 탐험대를 이끌고 남극 정복에 나섰다.

③ 어렸을 때부터 추위에 적응하는 훈련을 하였다.

④ 남극에 가기 전 북극으로 가 원주민과 겨울을 보냈다.

3 이 글의 내용과 일치하면 ○표, 일치하지 않으면 X표 해 보세요.

내용
이해

(1) 오지를 정복한 사람들은 나라에서 영웅 대접을 받았다.   (   )

(2) 1800년대에는 오지를 탐험하는 일이 별로 인기가 없었다.   (   )

(3) 오지를 정복하기 위해 많은 나라가 탐험에 필요한 장비를 개발했다.   (   )

(4) 아문센은 남극의 추위를 이겨내기 위해 남극 원주민의 가죽옷을 입었다.   (   )

4 이 글의 아문센이 쓴 자서전이에요. 이 글의 내용과 일치하지 <u>않는</u> 것을 골라 보세요.

내용
적용

(   )

> 1911년 12월 14일, 드디어 남극점에 도착했다.
>
> 나는 이 날을 위해 오랫동안 준비했다. 먼저 ① <u>북극으로 가 원주민이 어떻게 추위를 극복하는지 조사했다.</u> 나는 남극의 ② <u>얼음 위에서는 스키와 개 썰매를 타기로 하였다.</u> ③ <u>그리고 남극까지 비행기를 몰기 위해 비행사 자격증을 땄다.</u> ④ <u>마지막으로 기상학을 공부하여 예측이 어려운 남극 날씨에 대비하였다.</u>

5 빈칸을 채우며 이 글의 내용을 정리해 보세요.

핵심
정리

노르웨이의 탐험가 ☐☐☐ 은 어렸을 때부터 남극점 정복을 꿈꾸었다.

어른이 된 그는 오랜 준비 끝에 남극점 정복에 나섰다. 그리고 탐험을 떠난 지 56일 만에 세계 최초로 남극점에 도달하였다.

어휘 학습

6 낱말의 알맞은 뜻을 찾아 선으로 이어 보세요.

어휘
복습

(1) 오지 •

(2) 가혹 •

(3) 도달 •

• ① 몹시 사납고 독하며 정도가 지나침.

• ② 목적한 곳이나 일정한 수준에 다다름.

• ③ 해안이나 도시에서 멀리 떨어져 사람이 잘 오가지 않는 땅.

7 대화를 읽고 빈칸에 알맞은 낱말을 써 보세요.

어휘
적용

어머니: 영심아, 저 배우가 어제 본 영화에서 악당으로 나왔던 배우 맞니?

영심: 네, 맞아요. 왜 그러세요?

어머니: 다른 사람인 줄 알았거든. 연기를 잘해서, 나오는 작품마다 모습이 정말

☐☐☐☐ 하구나.

영심: 그게 무슨 말이에요?

어머니: 하하, '변하는 정도가 아주 심하다'는 뜻이야. 작품마다 완전히 다른 모습으로 변화한다는 의미이지!

08

최초로 세계 대전이 일어나다

사라예보에서 일어난 사건 때문에 세계 대전이 일어났다니, 대체 무슨 일이 있었던 걸까?

| 교과서 핵심어 | ★ 유럽　★ 사라예보　★ 제1차 세계 대전 |

"황태자 폐하, 환영합니다!"

1914년 어느 여름날, 유럽의 작은 도시 사라예보의 길거리가 시끌시끌했어. 오스트리아 황태자가 사라예보를 방문❶하는 날이었거든. 황태자 부부가 탄 자동차는 사라예보 시민들의 환영을 받으며 큰길을 달리고 있었지.

그런데 이때, 날카로운 눈빛으로 황태자 부부를 노려보는 사람들이 있었어.

"기회는 한 번뿐이야. 반드시 황태자를 죽여야 한다!"

바로 오스트리아의 이웃 나라인 세르비아 청년들이었어. 세르비아는 발칸반도에 있는 작은 나라야. 이들은 오스트리아가 자신들의 영토를 부당❷하게 점령했다고 생각했어. 그래서 이 기회에 오스트리아 황태자를 저격❸해 자신들의 불만을 세상에 알릴 생각이었지.

황태자 부부가 탄 자동차는 큰길을 벗어나 좁은 골목에 잠시 멈춰 섰어. 그 순간, 총을 든 한 세르비아 청년이 자동차를 향해 달려 나왔지.

"탕탕! 탕!"

"황태자님이 쓰러지셨다!"

황태자 부부는 급소❹를 맞고 그 자리에서 세상을 떠났어. 전 세계 사람들이 깜짝 놀랐지. 특히 오스트리아 사람들은 화가 많이 났어.

"감히 우리 황태자를 죽여? 세르비아를 공격합시다!"

그런데 문제가 있었어. 세르비아가 강대국

---

❶ 방문(訪찾을 방, 問물을 문) 어떤 사람이나 장소를 찾아가서 만나거나 봄. ❷ 부당(不아니 불, 當마땅할 당) 도리에 어긋나서 정당하지 않음. ❸ 저격(狙노릴 저, 擊칠 격) 일정한 대상을 노려서 치거나 총을 쏨. ❹ 급소(急위급할 급, 所장소 소) 조금만 다쳐도 생명을 위협하는 몸의 중요한 부분.

인 러시아와 동맹을 맺고 있었거든. 세르비아를 공격하면 러시아가 가만있지 않을 게 분명했지. 그래서 오스트리아도 자신들의 동맹국인 독일을 찾아가 도움을 요청했어. 독일은 고민에 빠졌지.

"오스트리아를 돕게 되면, 러시아와도 전쟁을 벌여야 해요."

"러시아는 영국, 프랑스의 동맹국이에요. 그럼 영국, 프랑스와도 싸워야 합니다."

영국, 프랑스, 러시아는 세계 곳곳에 식민지를 가진 강국이라서 이기기 어려운 상대였어. 하지만 독일은 고민 끝에 오스트리아를 돕기로 했어. 독일군이라면 어떤 적이든 순식간에 무찌를 수 있다고 생각한 거지.

"독일이 우리 오스트리아를 돕기로 했다. 이제 세르비아를 공격하자!"

오스트리아가 세르비아를 공격하며 전쟁이 시작됐어. 그러자 러시아, 독일, 그리고 영국과 프랑스도 전쟁에 뛰어들었지. 오스트리아 황태자 암살 사건이 세계 여러 나라를 아우르는 전쟁으로 번진 거야. 이 사건을 첫 번째로 발생한 세계 대전이란 뜻에서 제1차 세계 대전이라고 해.

유럽 사람들은 전쟁을 반겼어. 사람들은 기차역에 모여 병사들을 배웅했고, 병사들은 잔뜩 들떠서 전쟁터로 떠났지.

"뭐, 전쟁이라고 해봤자 몇 달 정도면 끝나겠지."

사실, 이때 유럽에는 큰 전쟁을 겪은 사람이 별로 없었어. 그래서 전쟁이 얼마나 끔찍한지 잘 알지 못했지. 사람들은 전쟁이 금방 끝날 것이고, 자기 나라가 이길 거라 굳게 믿었어. 하지만 전쟁은 몇 년이 지나도 좀처럼 끝날 낌새가 보이지 않았고, 수많은 사람이 목숨을 잃었지. 머지않아 사람들은 자신들의 판단이 틀렸다는 걸 깨달았어.

세계 대전
세계 여러 나라에 걸쳐서 일어난 전쟁을 말해. 인류는 역사상 두 차례의 세계 대전을 겪었지.

발칸반도
유럽 남부에 있는 반도야. 그리스, 세르비아 등 여러 나라가 모여 있지. 여러 민족과 다양한 종교를 가진 사람들이 모여 사는 곳이라 한때 극심한 인종, 종교 갈등을 겪었어.

❺ 요청(要필요할 요, 請바랄 청) 필요한 어떤 일이나 행동을 부탁함. ❻ 식민지(植심을 식, 民백성 민, 地땅 지) 힘이 센 다른 나라에게 정치적, 경제적으로 지배를 받는 나라. ❼ 아우르다 여럿을 모아 하나로 뭉치다. ❽ 배웅 떠나는 사람을 일정한 곳까지 따라가 보냄. ❾ 낌새 어떤 일을 알아차리는 눈치 혹은 일이 되어가는 분위기.

1 이 글을 읽고 다음 문장에 들어갈 알맞은 말을 골라 ○표 해 보세요.

중심
내용

> (오스트리아 / 세르비아) 황태자 암살 사건으로 최초의 (세계 대전 / 유럽 대전)이
> 시작되었다.

2 이 글의 내용과 일치하지 <u>않는</u> 것을 골라 보세요. (   )

내용
이해

① 세르비아는 러시아와 동맹을 맺은 상태였다.

② 세르비아는 오스트리아에 불만을 품고 있었다.

③ 오스트리아 황태자 부부는 칼에 찔려서 목숨을 잃었다.

④ 오스트리아와 세르비아의 전쟁에 여러 동맹국이 뛰어들면서 전쟁이 커졌다.

3 이 글의 세르비아 청년과 인터뷰를 했어요. 빈칸에 들어갈 말로 알맞은 것을 골라 보세요.

내용
적용

(   )

> 기자: 오스트리아 황태자 부부를 왜 저격했습니까?
>
> 세르비아 청년: _____

① 오스트리아 황태자가 세르비아의 왕을 죽였기 때문입니다.

② 오스트리아가 세르비아의 영토를 부당하게 점령했기 때문입니다.

③ 세르비아가 오스트리아를 점령하는 데 보탬이 되고 싶었기 때문입니다.

④ 오스트리아가 세르비아와 사이가 좋지 않은 독일과 동맹을 맺었기 때문입니다.

4 사진을 보고 대화를 나누었어요. 이 글의 내용과 일치하는 것을 골라 보세요. (   )

자료
해석

> 용선생: 이 사진은 제1차 세계 대전이 막 터
> 졌을 때 찍은 거야. 병사들이 전쟁터로 향하
> 는 기차를 탄 채 들뜬 표정을 짓고 있지.

① 영심: 사람들은 화를 내며 병사들을 떠나보냈을 거야.

② 수재: 제1차 세계 대전 초반에는 사람들이 전쟁을 반겼을 거야.

③ 선애: 병사들은 전쟁에 익숙했기 때문에 저렇게 밝은 표정을 지었을 거야.

④ 하다: 전쟁에 나가면 부자가 될 수 있었기 때문에 사람들은 전쟁을 반겼을 거야.

5 빈칸을 채우며 이 글의 내용을 정리해 보세요.

핵심
정리

제1차 ①		
기간	1914년 ~ 1918년
전쟁 원인	사라예보에서 일어난 오스트리아 황태자 암살 사건
특징	• 오스트리아가 ②　　　　　　를 공격하며 전쟁이 시작됨. • 독일, 프랑스, 영국 등 유럽의 강국들이 전쟁에 끼어들며 세계 여러 나라가 치르는 전쟁으로 번짐.

어휘 학습

6 낱말의 알맞은 뜻을 찾아 선으로 이어 보세요.

어휘
복습

(1) 저격　　　　　　　　　　① 여럿을 모아 하나로 뭉치다.

(2) 급소　　　　　　　　　　② 일정한 대상을 노려서 치거나 총을 쏨.

(3) 아우르다　　　　　　　　③ 조금만 다쳐도 생명을 위협하는 몸의 중요한 부분.

7 빈칸에 들어갈 알맞은 낱말을 보기에서 찾아 문장을 완성해 보세요.

어휘
적용

보기　　방문　　부당　　요청　　식민지　　배웅　　낌새

(1) 일이 돌아가는 _____가 몹시 수상하다.
ㄴ 어떤 일을 알아차리는 눈치 혹은 일이 되어가는 분위기.

(2) 아들을 훈련소까지 _____하면서 어머니는 계속 눈물을 흘리셨다.
ㄴ 떠나는 사람을 일정한 곳까지 따라가 보냄.

(3) 법을 어겼는데도 부자란 이유로 벌을 받지 않는 건 _____한 일이다.
ㄴ 도리에 어긋나서 정당하지 않음.

09 수많은 목숨을 빼앗은 제1차 세계 대전

이곳은 치열한 참호전이 펼쳐지고 있는 전쟁터야! 제1차 세계 대전의 현장을 들여다보자!

| 교과서 핵심어 | ★제1차 세계 대전 ★참호전 ★총력전 |

"피슝- 피슝- 쾅! 쾅!"

"도와줘! 여기 또 부상자가 생겼다!"

이곳은 제1차 세계 대전이 한창인 참혹한[1] 전쟁터야. 군인들은 참호[2]에 숨어 상대에게 계속 총을 쏘아댔어. 하늘을 찢는 듯 요란한 포성[3]에 귀가 먹먹했지. 주변은 온통 다친 채로 신음하며 도움을 찾는 병사들로 가득했어. 아비규환[4]이 따로 없었지.

이 참호에서 프랑스와 독일 사이에 전투가 시작된 지도 한 달이 지났어. 그동안 프랑스군과 독일군은 참호에 몸을 숨긴 채 한 발자국도 앞으로 나아가지 못했지. 깊게 파인 참호 밖으로 고개를 내미는 순간 총알이[5] 빗발치듯이 날아들었기 때문이야.

"무조건 돌격! 적의 참호를 점령한다!"

지휘관이 손을 번쩍 들었어. 그러자 수많은 병사가 일사불란하게[6] 참호 밖으로 뛰어나와 적진을 향해 뛰기 시작했지.

"우와아아-! 공격!"

병사들의 함성이 사방에 울려 퍼졌어. 하지만 곧 무시무시한 기관총 소리가 함성을 덮어버렸지.

"으아아악!"

돌진하던 병사들은 비명과 함께 쓰러졌어. 병사들 수천 명이 기관총에 맞아 순식간에 목숨을 잃은 거야.

적의 참호를 점령하려면 되도록 많은 사람이 무작정 돌격하는 수밖에 없었어. 그래야 한 사람이라도 살아남을 수 있었거든. 그래서 적의 참호를 점령하려다가

---

❶ 참혹(慘참혹할 참, 酷독할 혹) 비참하고 끔찍함. ❷ 참호(塹구덩이 참, 壕해자 호) 전쟁터에서 적의 공격을 막고 몸을 숨기기 위해 땅에 판 구덩이. ❸ 포성(砲대포 포, 聲소리 성) 대포를 쏠 때 나는 소리. ❹ 아비규환(阿언덕 아, 鼻코 비, 叫부르짖을 규, 喚부를 환) 여러 사람이 비참한 지경에 빠져 울부짖는 모습을 이르는 말.

정말 많은 사람이 목숨을 잃었지. 하지만 간신히 참호를 점령해도, 며칠 후면 적이 똑같은 방법으로 돌격해서 참호를 빼앗기 일쑤였어. 전쟁이 시작되고 몇 년이 흐르도록 유럽 여러 나라들은 이렇게 서로의 참호를 뺏고 빼앗는 참호전을 반복했지.

"어떻게 하면 적의 참호를 더 쉽게 빼앗을 수 있을까?"

과학자들은 오랜 궁리❼ 끝에 다양한 신무기를 도입❽했어. 하늘을 나는 비행기에서 폭탄을 떨어뜨리기도 했고, 독가스를 뿌려서 적을 죽이기도 했지. 또 적의 총알에도 끄떡없는 탱크를 만들어서 돌진하기도 했어. 하지만 어떤 수를 써도 참호전에서 승리하기가 쉽지 않았지. 그래도 유럽 여러 나라들은 전쟁에서 승리하기 위해 나라의 모든 힘을 쏟아부으며 총력전을 펼쳤어.

제1차 세계 대전은 꼬박 4년이나 계속됐고, 결국 영국과 프랑스의 승리로 막을 내렸어. 하지만 전쟁에 승리한 나라들도 기뻐할 수만은 없었지. 전쟁 때문에 수천만 명이 목숨을 잃었거든. 어찌나 사람이 많이 죽었는지, 나라마다 길거리에서 젊은이를 보기가 힘들 지경이었어.

"전쟁이 이렇게 무서운 것이었구나!"

제1차 세계 대전을 겪은 유럽 사람들은 그제야 전쟁이 얼마나 무서운 것인지 새삼 깨닫게 되었어.

역사 사전

참호전
참호를 파서 그 안에 몸을 숨기고 적을 공격하는 전투 방식이야.

총력전
(總모두 총, 力힘 력, 戰싸울 전) 한 나라의 모든 자원과 국민을 오직 전쟁 승리만을 위해 총동원하는 전쟁을 말해.

❺ 빗발치다 거센 빗줄기처럼 쏟아지거나 떨어지다. ❻ 일사불란(一한 일, 絲실 사, 不아니 불, 亂어지러울 란) 질서가 잡혀 있어 조금도 흐트러지지 아니함. ❼ 궁리(窮다할 궁, 理다스릴 리) 어떤 일을 해결할 방법을 깊이 생각함. ❽ 도입(導이끌 도, 入들 입) 기술이나 물자, 방법 등을 들여옴.

독해 학습

1 이 글의 중심 내용으로 알맞은 것에 ○표 해 보세요.

중심
내용

① 제1차 세계 대전이
발생한 이유

② 제1차 세계 대전의
긍정적 영향

③ 제1차 세계 대전의
참혹한 현장

☐   ☐   ☐

2 이 글을 읽고 제1차 세계 대전에 대한 설명으로 알맞지 <u>않은</u> 것을 골라 보세요. (   )

내용
이해

① 젊은이들은 전쟁터에 나가지 않았다.

② 참호전을 치르다 수많은 병사들이 목숨을 잃었다.

③ 유럽 사람들은 이 사건 이후 전쟁의 무서움을 알게 되었다.

④ 전쟁의 승리를 위해서 나라의 모든 힘을 전쟁터에 쏟아부었다.

3 이 글을 읽고 사진에 대해 알맞게 설명한 사람을 골라 보세요. (   )

자료
해석

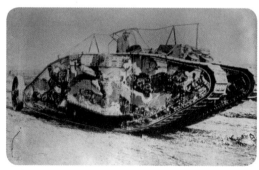

▲ 제1차 세계 대전에 등장한 탱크

① 수재: 이 무기는 적의 총알을 막을 수 없었어.

② 영심: 유럽에서는 아주 오래 전부터 사용했던
낡은 무기야.

③ 하다: 적의 참호를 빼앗을 방법을 궁리하다가
만들어낸 무기야.

④ 두기: 이 무기 덕분에 참호전에서 쉽게 벗어나
전쟁이 금방 끝날 수 있었어.

4 다음 신문 기사에서 이 글의 내용과 일치하지 <u>않는</u> 것을 골라 보세요. (   )

내용
적용

○○ 신문 ━━━━━━━━━━ 1918년 ○○월 ○○일 ━━━━━

<속보> 제1차 세계 대전, 드디어 막을 내리다

제1차 세계 대전이 마침내 ① 영국과 프랑스의 승리로 막을 내렸다. 제1차 세계 대전
은 지난 ② 4년 동안 이어졌지만 다행히 목숨을 잃은 사람은 그리 많지 않았다. 그동안
유럽 여러 나라들은 ③ 서로의 참호를 빼앗는 참호전을 반복했고, ④ 승리를 위해 나
라의 모든 힘을 쏟아붓는 총력전을 실시했다.

▶ 정답과 풀이 6쪽

5 빈칸을 채우며 이 글의 내용을 정리해 보세요.

핵심
정리

끔찍했던 제1차 ① ☐☐ ☐☐	
일어난 곳	유럽
일어난 일	• 서로의 참호를 뺏고 빼앗는 ② ☐☐☐ 을 반복함. • 전쟁 승리를 위해 나라의 모든 힘을 쏟아붓는 ③ ☐☐ 을 펼침.
결과	• 수천만 명이 목숨을 잃음. • 유럽 사람들이 전쟁의 무서움을 깨닫게 됨.

어휘 학습

6 낱말의 알맞은 뜻을 찾아 선으로 이어 보세요.

어휘
복습

(1) 참혹 •   • ① 비참하고 끔찍함.

(2) 참호 •   • ② 대포를 쏠 때 나는 소리.

(3) 포성 •   • ③ 전쟁터에서 적의 공격을 막고 몸을 숨기기 위해 땅에 판 구덩이.

7 다음 설명을 읽고 밑줄 친 사자성어가 알맞게 쓰인 문장을 골라 보세요. (   )

어휘
적용

아비규환(阿鼻叫喚)은 불교에서 말하는 여러 지옥 중 '아비지옥'과 '규환지옥'을 합쳐 만들어진 사자성어로, 여러 사람이 비참한 지경에 빠져 울부짖는 모습을 빗대어 이르는 말입니다.

① 아버지는 마음이 행복한지 하루 종일 아비규환이었다.

② 두기가 큰 상을 받았다는 소식에 집안 분위기는 아비규환이 되었다.

③ 갑작스러운 지진으로 건물이 무너지자, 주변은 사람들의 비명으로 아비규환이 되었다.

10

레닌, 러시아 혁명을 이끌다

레닌은 왜 러시아 혁명을 이끌었을까? 혁명 이후 러시아는 어떤 나라가 되었을까?

인물 사전

블라디미르 레닌
(1870년 ~ 1924년)

러시아의 혁명가야. 러시아 공산당을 만들고 러시아 혁명을 이끌었지. 사회주의 사상 발전에 큰 역할을 한 인물이야.

| **교과서 핵심어** | ★레닌 ★공산당 ★러시아 혁명 ★소련 |

"당장 전쟁을 그만두고, 굶주리는 국민에게 빵을 달라!"

"황제와 귀족들은 물러나라!"

제1차 세계 대전이 한창이던 1917년 겨울, 러시아에서 큰 사건이 터졌어. 오랜 전쟁에 지친 국민들이 당장 전쟁을 멈추라면서 혁명을 일으킨 거야. 심지어 군대조차 황제의 명령을 거부하고 혁명에 참여했어. 결국 황제와 귀족들은 자리에서 쫓겨났고, 임시 정부가 세워졌지.

이때, 기뻐하는 국민들 앞에 러시아의 혁명가 레닌이란 사람이 등장했어.

"여기서 끝내면 안됩니다. 혁명은 계속돼야 합니다!"

"이미 혁명은 끝났는데, 그게 무슨 소리죠?"

"임시 정부를 이끌어가는 건 결국 일부 돈 많은 부자들입니다. 이대로는 진짜 평화가 올 수 없습니다. 노동자와 농민이 러시아의 주인이 되어야 진짜 평화가 찾아옵니다!"

이렇게 노동자와 농민이 나라의 주인이 돼야 한다고 주장하는 사람들의 모임을 공산당이라고 해. 레닌은 임시 정부를 무너뜨리고, 노동자와 농민을 위하는 공산당이 러시아의 권력을 잡아야 한다고 주장했어.

그때, 뜻밖의 소식이 들려왔어.

"국민 여러분, 임시 정부는 전쟁을 계속하기로 결정했습니다. 승리가 눈앞에 있으니 조금만 힘을 냅시다!"

"그게 무슨 소리야! 지긋지긋한 전쟁을 계속하자니!"

혁명을 이끈 러시아 국민들의 생각과는 달리, 임시 정부는 전쟁을 계속하기로 한 거야. 조금만 더 싸우면 이길 수 있다는 생각에 국민들의 뜻과는 동떨어진 결

---

❶ 혁명(革가죽 혁. 命목숨 명) 국가나 사회 제도와 조직을 새롭게 고치는 일. ❷ 임시(臨임할 임. 時때 시) 미리 기간을 정하지 않은 잠시 동안. ❸ 노동자(勞힘쓸 로. 動움직일 동. 者사람 자) 노동력을 제공하고 얻은 임금으로 생활을 유지하는 사람. ❹ 동떨어지다 멀리 떨어지다.

정을 내린 거지.

러시아의 노동자와 농민은 분노로 들끓었어.^⑤

"당장 전쟁터에서 싸우는 건 우리들인데, 누구 마음대로 전쟁을 계속하겠다는 거냐?"

"레닌의 말이 맞았어. 이젠 공산당이 나라의 권력을 잡아야 해!"

1918년 11월, 분노한 노동자와 농민들이 다시 한 번 거리로 쏟아져 나왔어. 노동자들은 러시아 임시 정부 건물을 점령했지. 레닌은 러시아 국민들 앞에 나서서 선언했어.

"이제 러시아는 세계 최초로 노동자와 농민이 주인인 국가가 되었습니다. 우리 공산당은 모두 함께 잘 사는 나라를 만들 것입니다!"

이 사건이 바로 러시아 혁명이야. 러시아 혁명 이후 러시아는 전쟁을 당장 그만두었어. 나라 이름도 러시아 대신 '소련'이 되었지. 소련은 농사짓는 농민들은 땅을, 노동자들은 공장을 공동으로 소유^⑥하는 나라였어. 이런 나라를 사회주의 국가라고 불러.

> 우리 러시아는 새로운 나라로 다시 태어날 것입니다!

"우리도 소련처럼 혁명을 일으킵시다! 노동자와 농민이 주인이 되는 나라를 만드는 겁니다!"

세계 곳곳에는 레닌처럼 혁명을 일으키려는 공산당이 많아졌어. 소련도 다른 나라의 공산당을 지원^⑧해 세계 곳곳에 사회주의 국가를 만들려고 했지. 러시아 혁명의 영향으로 세계 곳곳에 사회주의가 들불처럼 번져 나가게 된 거야.

---

⑤ 분노(憤성낼 분, 怒성낼 노) 몹시 화를 냄. ⑥ 공동(共함께 공, 同같을 동) 둘 이상의 사람이나 단체가 어떤 일을 함께 하거나 동등한 자격으로 관계됨. ⑦ 소유(所바 소, 有있을 유) 자기의 것으로 가지고 있음. 또는 가지고 있는 물건. ⑧ 지원(支지탱할 지, 援당길 원) 지지하여 도움.

1 빈칸을 채워 이 글의 중심 내용을 완성해 보세요.

중심
내용

1917년에 일어난 □□□ □□ 으로 러시아는 세계 최초로

노동자와 농민이 주인인 사회주의 국가가 되었다.

2 이 글의 레닌에 대한 설명으로 알맞은 것을 <u>모두</u> 선으로 이어 보세요.

인물
이해

① 러시아 사람이다.

③ 부자들이 나라를
이끌어야 한다고 생각했다.

레닌

② 러시아 혁명을 이끌었다.

④ 공산당이 러시아의 권력을
잡아야 한다고 주장하였다.

3 이 글의 내용과 일치하면 ○표, 일치하지 않으면 X표 해 보세요.

내용
이해

(1) 러시아 국민들은 전쟁을 계속하기를 바랐다.   (   )

(2) 러시아 혁명의 영향으로 세계 곳곳에 공산당이 많아졌다.   (   )

(3) 임시 정부는 조금만 더 싸우면 전쟁에서 이길 수 있다고 생각했다. (   )

4 이 글을 영화로 만들었어요. 영화에 들어갈 장면으로 알맞지 <u>않은</u> 것을 골라 보세요.

내용
적용
(   )

① 소련이 나라 이름을 러시아로 바꾸는 장면

② 세계 곳곳에서 사회주의 혁명이 일어나는 장면

③ 레닌이 임시 정부를 무너뜨려야 한다고 주장하는 장면

④ 러시아군이 황제의 명령을 거부하고 혁명에 참여하는 장면

▶ 정답과 풀이 6쪽

5 빈칸을 채우며 이 글의 내용을 정리해 보세요.

핵심
정리

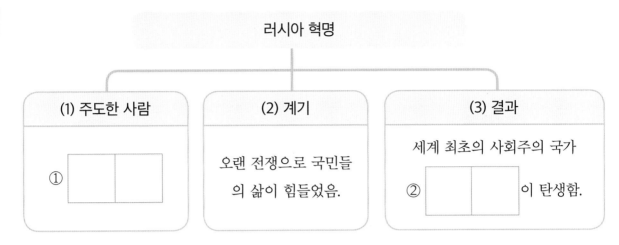

러시아 혁명

(1) 주도한 사람	(2) 계기	(3) 결과
① ☐☐	오랜 전쟁으로 국민들의 삶이 힘들었음.	세계 최초의 사회주의 국가 ② ☐☐ 이 탄생함.

어휘 학습

6 낱말의 알맞은 뜻을 찾아 선으로 이어 보세요.

어휘
복습

(1) 공동 •

(2) 소유 •

(3) 노동자 •

• ① 자기의 것으로 가지고 있음. 또는 가지고 있는 물건.

• ② 노동력을 제공하고 얻은 임금으로 생활을 유지하는 사람.

• ③ 둘 이상의 사람이나 단체가 어떤 일을 함께 하거나 동등한 자격으로 관계됨.

7 빈칸에 들어갈 알맞은 낱말을 보기 에서 찾아 문장을 완성해 보세요.

어휘
적용

| 보기 | 혁명 | 임시 | 동떨어지다 | 분노 | 지원 |

(1) 시민들은 범죄를 저지른 정치인에게 ＿＿＿＿＿＿＿했다.
└, 몹시 화를 냄.

(2) 정식으로 회장을 뽑기 전까지 두기가 ＿＿＿＿＿＿＿ 회장을 하렴.
└, 미리 기간을 정하지 않은 잠시 동안.

(3) 아버지는 의사가 되겠다는 오빠의 꿈에 ＿＿＿＿＿＿＿을 아끼지 않으셨다.
└, 지지하여 도움.

역사 놀이터

핵심어로 사다리 타기!

번호 순서대로 사다리를 타고 내려가세요. 설명에 맞는 핵심어이면 ○표, 틀린 핵심어이면 X표에서 다시 사다리를 타서 세 자리 비밀번호를 순서대로 써 주세요.

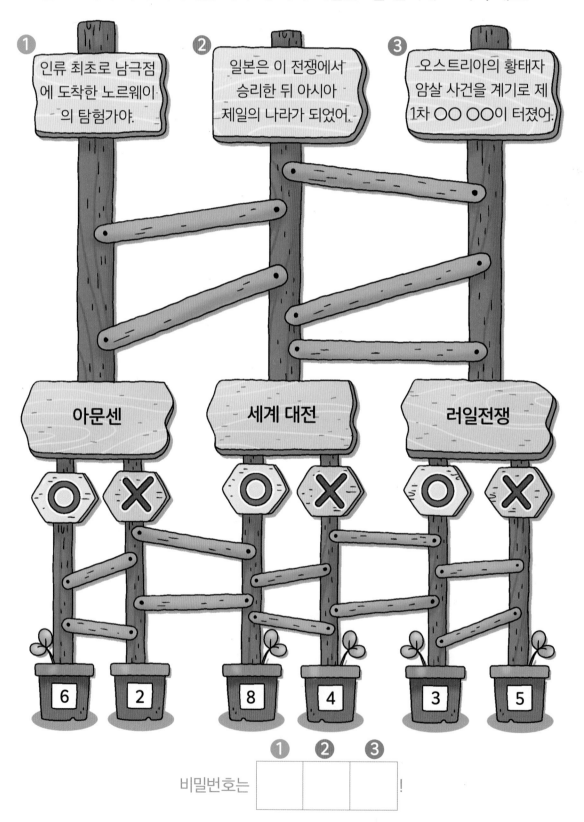

❶ 인류 최초로 남극점에 도착한 노르웨이의 탐험가야.

❷ 일본은 이 전쟁에서 승리한 뒤 아시아 제일의 나라가 되었어.

❸ 오스트리아의 황태자 암살 사건을 계기로 제1차 ○○ ○○이 터졌어.

아문센

세계 대전

러일전쟁

6   2   8   4   3   5

비밀번호는 ❶ ❷ ❸ ___ !

간디는 인도를 넘어 전 세계에서 성인으로 존경받는 인물이야. 과연 어떤 이유 때문일까?

3주

1919년
3·1 운동

1931년
한인 애국단 조직

1908년
포드,
T형 포드 출시

1919년
간디,
비폭력·비협조
운동 시작

1928년 6월
에어하트,
대서양 횡단
성공

1928년 11월
디즈니,
〈증기선 윌리〉
개봉

1933년
루스벨트
대통령 취임

회차	학습 내용	교과서 핵심어	교과 연계	학습 계획일
11	**포드,** 자동차의 왕이 되다	★ 포드 ★ 컨베이어 　벨트 ★ 대량 생산 ★ 미국	【중학 역사 I】 **5. 세계 대전과 사회 변동** ① 세계 대전과 국제 　질서의 변화	월　일
12	**간디,** 인도의 독립을 외치다	★ 간디 ★ 인도 ★ 비폭력· 　비협조 운동	【중학 역사 I】 **5. 세계 대전과 사회 변동** ① 세계 대전과 국제 　질서의 변화	월　일
13	**에어하트,** 여성 비행사 최초로 대서양을 횡단하다	★ 에어하트 ★ 대서양 횡단 ★ 미국	【중학 역사 I】 **5. 세계 대전과 사회 변동** ② 민주주의의 확산	월　일
14	**디즈니,** 애니메이션의 역사를 새로 쓰다	★ 디즈니 ★ 미국 ★ 애니메이션	【중학 역사 I】 **5. 세계 대전과 사회 변동** ① 세계 대전과 국제 　질서의 변화	월　일
15	**루스벨트,** 대공황을 극복하기 위해 노력하다	★ 루스벨트 ★ 미국 ★ 대공황 ★ 뉴딜 정책	【중학 역사 I】 **5. 세계 대전과 사회 변동** ① 세계 대전과 국제 　질서의 변화	월　일

역사 놀이터　　　　**핵심어 찾기 대작전!**

11

포드, 자동차의 왕이 되다

포드가 도입한 컨베이어 벨트는 과연 무엇일까? 포드는 왜 자동차의 왕이라고 불리는 걸까?

인물 사전

헨리 포드
(1863년 ~ 1947년)

미국의 사업가야. 자동차 회사를 세워 세계 최초로 자동차를 대량 생산한 인물이지.

| 교과서 핵심어 | ★포드 ★컨베이어 벨트 ★대량 생산 ★미국 |

"포드 999호! 세계 기록을 세우며 1등으로 들어옵니다!"

경기장에 들어오는 자동차를 보며 관중들이 함성을 질러댔어. 자동차의 성능[1]을 겨루는 대회가 열리고 있었거든. 1등으로 들어선 자동차는 포드라는 기술자의 작품이었지. 포드의 자동차는 2등보다 무려 1킬로미터나 앞서 있었어.

"어릴 때부터 못 다루는 기계가 없더니 해낼 줄 알았어요!"

"날마다 헛간에 틀어박혀 기계만 만져서 정신이 나간 사람인 줄 알았더니……."

자신감을 얻은 포드는 1903년에 '포드 자동차 회사'를 세웠어. 포드가 살던 시절, 자동차는 부자들이나 살 수 있는 물건이었지. 자동차는 만드는 방법이 복잡해서 여러 사람이 매달려 오랜 시간을 들여 만들어야 했거든. 그래서 가격이 몹시 비쌌지.

'어떻게 하면 누구나 자동차를 살 수 있을까?'

포드는 세상에서 가장 싼 차를 만들겠다고 마음먹었지. 그러려면 지금보다 자동차를 훨씬 빠르게, 많이 만들 수 있는 방법이 필요했어.

고민에 잠겨 길을 걷던 포드의 눈에 도축장[2]이 들어왔어.

"자자, 소가 들어왔어! 각자 맡은 일을 하자고!"

손수레에 실려 온 소고기가 저절로 움직이는 작업대에 놓였어. '컨베이어 벨트'라고 불리는 작업대였지. 컨베이어 벨트 앞에는 저마다 다른 일을 하는 인부들[3]이 있었어. 고기가 컨베이어 벨트를 타고 이동하자 첫 번째 인부는 갈비 살만 잘라냈지. 두 번째 인부는 다리 살만 떼어냈어. 이렇게 소고기는 컨베이어 벨트를 타고 움직이며 순식간에 여러 부위로 나뉘어서 포장되었어.[4]

'그래, 바로 이거야!'

---

❶ 성능(性성품 성, 能능할 능) 기계 등이 지닌 성질이나 기능. ❷ 도축장(屠잡을 도, 畜쌓을 축, 場마당 장) 고기를 얻기 위하여 소나 돼지 등의 가축을 잡는 곳. ❸ 인부(人사람 인, 夫지아비 부) 돈을 받고 일하는 사람. ❹ 포장(包쌀 포, 裝꾸밀 장) 물건을 싸거나 꾸밈. 또는 싸거나 꾸리는 데 쓰는 천이나 종이.

포드는 컨베이어 벨트를 자동차 공장에 들여왔어. 컨베이어 벨트 앞에 일꾼들을 배치하고, 자기가 맡은 부품만 조립하게 한 거야. 이제 나사를 조이는 사람은 나사만 조이고, 바퀴를 다는 사람은 바퀴만 달면 끝이었어.

"세상에! 93분이면 자동차 한 대가 만들어지네!"

컨베이어 벨트 덕분에 포드의 공장에서는 열 배나 빠른 속도로 자동차를 만들 수 있었지. 그러자 자동차 가격도 크게 떨어졌어.

하지만, 다른 회사들은 포드의 자동차를 비웃었어. 포드가 컨베이어 벨트를 이용해 만든 첫 번째 자동차는 디자인도 하나, 색깔도 검은색 하나였거든. 이렇게 색과 모양이 단순해야 빠른 시간에 대량 생산 할 수 있었기 때문이야.

"흥, 저런 싸구려 깡통 자동차가 우리 상대가 될 리 없지!"

그런데 포드의 자동차는 성능도 무척이나 좋았어. 고장이 잘 나지 않아서 오래 쓸 수 있었고, 강철로 만들어 견고하고, 속도도 빨랐지. 미국 사람들은 너도나도 포드 자동차를 사려고 줄을 섰어.

"옆집에서도 포드 자동차를 샀대요. 우리도 어서 삽시다!"

포드 자동차는 미국에서만 무려 1,500만 대나 팔렸어. 사치품이었던 자동차가 이제는 누구나 살 수 있는 교통수단이 된 거야. 그때부터 포드는 '자동차의 왕'이라고 불리며 역사에 길이 이름을 남기게 되었지.

⑤ 배치(配짝 배, 置둘 치) 사람이나 물건 등을 알맞은 자리에 나누어 둠. ⑥ 조립(組끈 조, 立설 립) 여러 부품을 하나의 구조물로 짜 맞춤. 또는 그런 것. ⑦ 대량 생산(大큰 대, 量헤아릴 량, 生날 생, 産낳을 산) 기계를 이용하여 동일한 제품을 대량으로 만들어 내는 일. ⑧ 견고하다(堅굳을 견, 固굳을 고) 굳고 단단하다.

1

중심
내용

이 글의 중심 내용으로 알맞은 것을 골라 보세요. (   )

① 자동차 판매 왕 포드

② 소고기 도축장에서 일한 포드

③ 자동차 경주 대회에서 승리한 포드

④ 자동차를 대량 생산하여 가격을 크게 낮춘 포드

2

인물
이해

이 글의 포드에 대한 내용과 일치하면 ○표, 일치하지 않으면 X표 해 보세요.

(1) 포드는 미국의 사업가였다.   (   )

(2) 포드가 대량 생산한 자동차는 매우 견고했다.   (   )

(3) 소고기 도축 과정을 자동차를 만드는 과정에 도입했다.   (   )

(4) 운전을 무척 잘해서 '자동차의 왕'이라는 별명을 얻었다.   (   )

3

추론

이 글의 포드가 다음과 같이 말한 뒤 일어날 일로 알맞은 것을 골라 보세요. (   )

우리 자동차 공장에 컨베이어 벨트를 들여오기로 했습니다.

① 자동차가 매우 비싼 물건이 된다.

② 자동차 한 대를 만드는 시간이 크게 짧아진다.

③ 포드 999호가 자동차 경주 대회에서 1등을 거둔다.

④ 포드 자동차가 다른 자동차 열 배의 가격으로 팔리기 시작한다.

4

자료
해석

이 글을 읽고 빈칸에 들어갈 말로 알맞지 <u>않은</u> 것을 골라 보세요. (   )

용선생: 이것은 포드가 컨베이어 벨트를 이용해 첫 번째로 대량 생산한 자동차인 'T형 포드'야. 이 자동차는 _____

① 강철로 만들어서 매우 견고했어.

② 너무 비싸서 많이 팔리지 못했어.

③ 고장이 잘 나지 않아 오래 탈 수 있었어.

④ 디자인도 하나, 색깔도 검은색 하나뿐이었어.

▶ 정답과 풀이 7쪽

5 빈칸을 채우며 이 글의 내용을 정리해 보세요.

핵심
정리

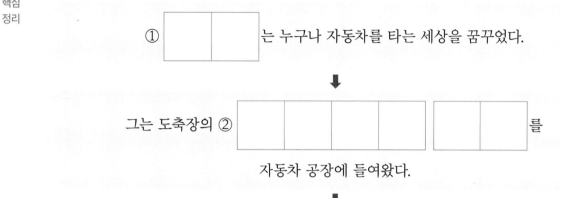

① ▭▭ 는 누구나 자동차를 타는 세상을 꿈꾸었다.

⬇

그는 도축장의 ② ▭▭▭▭ ▭▭ 를

자동차 공장에 들여왔다.

⬇

그의 공장은 열 배나 빠르게 자동차를 만들어 자동차 가격을 크게 낮췄고,
자동차는 누구나 살 수 있는 교통수단이 되었다.

어휘 학습

6 낱말의 알맞은 뜻을 찾아 선으로 이어 보세요.

어휘
복습

(1) 성능 •

(2) 조립 •

(3) 견고하다 •

• ① 굳고 단단하다.

• ② 기계 등이 지닌 성질이나 기능.

• ③ 여러 부품을 하나의 구조물로 짜 맞춤. 또는 그런 것.

7 보기 에서 알맞은 낱말을 찾아 밑줄 친 말을 바꾸어 써 보세요.

어휘
적용

| 보기 | 도축장 | 인부 | 포장 | 배치 | 대량 생산 |

(1) 가구를 알맞은 자리에 나누어 두니 집이 훨씬 정돈되어 보인다.

➡ 가구를 (   )하니 집이 훨씬 정돈되어 보인다.

(2) 공사장에 돈을 받고 일하는 사람이 부족해서 공사가 늦어지고 있다.

➡ 공사장에 (   )가 부족해서 공사가 늦어지고 있다.

12

간디, 인도의 독립을 외치다

간디는 세계적인 위인으로 존경 받는 인물이야. 간디는 왜 비폭력·비협조 운동을 주장한 걸까?

 인물 사전

마하트마 간디
(1869년 ~ 1948년)

인도의 독립운동가야. 영국의 식민 지배에 저항하는 '비폭력·비협조 운동'을 펼쳐서 세계적인 위인이 되었어. '마하트마'는 '위대한 영혼'이라는 뜻이야.

| 교과서 핵심어 | ★간디　★인도　★비폭력·비협조 운동 |

　유럽에서 제1차 세계 대전이 한창일 무렵, 인도는 영국의 식민지였어. 영국인들은 인도인을 사사건건❶ 무시하고 차별했지. 똑같은 일을 해도 인도인에게 돈을 더 적게 줬고, 영국인이 인도에서 죄를 지어도 벌을 주지 않고 넘어가고는 했어. 화가 난 인도인들은 시위❷를 벌였어.

　"영국은 당장 인도에서 물러나라!"

　하지만 영국은 인도인의 시위를 마구 짓밟았어. 시위에 나선 인도 사람들을 모조리 잡아 가두었고, 총을 쏴서 죽이기도 했지. 인도 사람들은 화가 머리끝까지 났어.

　"영국 놈들과는 말이 안 통합니다. 이제 우리도 총과 칼을 들고 영국에 맞섭시다."

　그런데 이때, 간디라는 사람이 나타났어.

　"안됩니다! 영국인들의 폭력❸에 폭력으로 맞선다면 우리도 똑같은 사람이 될 뿐이에요. 우리는 평화로운 방법으로 영국에 맞서야 합니다."

　"평화로운 방법으로 어떻게 독립운동을 하죠?"

　"인도는 아주 넓습니다. 인도인들이 돕지 않는다면, 영국은 인도를 다스릴 수 없을 겁니다. 그러니 나는 모든 인도인들에게 영국을 돕지 말자고❹ 제안합니다."

　"영국인들을 돕지 않는다고요?"

　"영국인의 공장에서 일을 하지 않고, 영국인의 가게에 가지 않는 겁니다. 영국 물건을 사서 쓰지 말고, 인도 사람들이 만든 물건을 사용합시다. 그럼 영국은 머지않아 두 손을 들 것입니다."

　이때 인도에는 영국인이 세운 공장과 영국인이 운영하는 가게가 무척이나 많았어. 그런데 공장과 가게에서 일하는 사람은 모두 인도 사람이었지. 만약 인도

---

❶ 사사건건(事일 사. 事일 사. 件사건 건. 件사건 건) 해당되는 모든 일마다. ❷ 시위(示보일 시. 威위엄 위) 많은 사람이 요구 조건을 걸고 집회나 행진을 하며 뜻을 보이는 일. ❸ 폭력(暴사나울 폭. 力힘 력) 남을 거칠고 사납게 제압할 때 쓰는 주먹이나 발, 몽둥이 같은 수단이나 힘.

사람들이 모두 일손을 놓는다면, 영국인은 매우 곤란해질 게 뻔했어.

독립하는 그날까지 영국 물건을 쓰지 않을 거요. 직접 물레를 돌려 옷을 만들어 입겠소!

간디가 제안한 이런 독립 운동 방법을 비폭력· 비협조 운동[5]이라고 해. 폭력을 쓰지 않고, 영국을 돕지 않는다는 뜻이지. 간디의 말에 따라 비폭력·비협조 운동이 시작되자 인도는 멈춰버렸어. 공장이 멈춰 물건이 만들어지지 않았고, 가게에서는 영국 물건이 하나도 팔리지 않았지.

한발 더 나아가 간디는 허름한[6] 옷을 입은 채 직접 물레[7]를 돌려 실을 뽑았어.

"이제부터 우리가 입을 옷은 직접 만듭시다."

영국인들은 더욱 곤란해졌어. 그동안 영국 사람들은 인도에 옷을 팔아서 많은 돈을 벌었거든. 인도 사람들이 간디처럼 직접 옷을 만들어 입는다면 큰 손해[8]를 볼 게 분명했지. 간디는 이렇게 폭력을 쓰지 않고도 영국인을 난처하게 만들려고 했던 거야.

"이러다 다 망하겠어요! 당장 간디를 붙잡아서 처벌합시다!"

"그런데 조용히 물레만 돌리고 있는 사람을 무슨 이유로 처벌합니까? 이것 참 난처하군요."

인도인이 먼저 폭력을 쓰지 않자 영국인들도 손쓸 도리가 없었어. 세계인은 간디의 비폭력·비협조 운동을 지켜보며 크게 감탄했지.

"저렇게 평화롭게 독립운동을 하는 방법도 있구나! 대단해!"

간디는 이제 인도를 넘어 전 세계 사람들이 존경하는 인물이 되었어. 간디는 이후로도 인도의 독립을 위해 평생을 바쳤어. 간디의 노력 덕에 인도는 독립에 한 발짝 더 가까워졌지.

🏛 역사 사전

비폭력·비협조 운동
간디가 주장한 독립운동 방식이야. 비(非아닐 비)는 하지 않는다는 뜻이야. 간디는 영국을 상대로 폭력을 사용하지 않고, 협조도 하지 않는 비폭력·비협조 운동을 벌여 세계인에게 큰 감동을 주었어.

---

[4] 제안(提끌 제. 案책상 안) 의견이나 안건으로 내놓음. [5] 협조(協맞을 협. 助도울 조) 힘을 보태어 도움. [6] 허름하다 좀 낡은 듯하다. [7] 물레 솜이나 털을 뽑아 실을 만드는 기구. [8] 손해(損덜 손. 害해로울 해) 돈이나 재산 등을 잃는 피해를 입음.

1 빈칸을 채워 이 글의 중심 내용을 완성해 보세요.

중심
내용

비폭력·비협조 운동을 이끈 인도의 독립운동가 ☐☐

2 이 글의 간디에 대한 설명으로 알맞지 <u>않은</u> 것을 골라 보세요. (   )

인물
이해

① 인도의 독립을 위해 평생을 바쳤다.

② 인도를 넘어 전 세계가 존경하는 인물이 되었다.

③ 허름한 옷을 입고 직접 물레를 돌려 실을 뽑았다.

④ 영국인이 폭력을 쓰면 똑같이 폭력으로 맞서 싸워야 한다고 말했다.

3 이 글의 내용과 일치하면 O표, 일치하지 않으면 X표 해 보세요.

내용
이해

(1) 영국은 인도의 식민지였다.   (   )

(2) 영국은 인도인을 사사건건 차별했다.   (   )

(3) 인도에는 영국인이 운영하는 공장이 매우 많았다.   (   )

(4) 간디는 비폭력·비협조 운동을 이끈 죄로 감옥에 갇혀 처형당했다.   (   )

4 이 글의 간디와 인터뷰를 했어요. 빈칸에 들어갈 말로 알맞은 것을 골라 보세요. (   )

내용
적용

기자: _____

간디: 영국이 인도에서 옷을 팔아 많은 돈을 벌고 있기 때문입니다. 그러니 인도 사람들이
저를 따라 한다면 영국은 큰 손해를 볼 겁니다.

① 영국인에게 폭력을 쓰지 않으시는 이유가 뭡니까?

② 인도의 독립을 위해 싸우시기로 한 이유가 뭡니까?

③ 본인이 입을 옷을 직접 만들기로 한 이유가 뭡니까?

④ 영국인의 공장에서 일을 하지 않으시는 이유가 뭡니까?

5 빈칸을 채우며 이 글의 내용을 정리해 보세요.

핵심
정리

영국은 식민지였던 ① ☐☐ 사람들을 사사건건 차별했다.

화가 난 사람들은 시위를 벌였지만 영국은 시위를 잔인하게 진압하였다.

⬇

간디는 ② ☐☐☐ · 비협조 운동을 실천하였다. 영국을 돕지 않고,

영국이 만든 옷 대신 물레로 직접 실을 뽑아 옷을 지어 만들었다.

⬇

전 세계 많은 사람들이 간디의 평화로운 독립운동 방법에 감탄했으며,

간디는 전 세계 사람들이 존경하는 인물이 되었다.

어휘 학습

6 낱말의 알맞은 뜻을 찾아 선으로 이어 보세요.

어휘
복습

(1) 시위 •

(2) 폭력 •

(3) 협조 •

• ① 힘을 보태어 도움.

• ② 많은 사람이 요구 조건을 걸고 집회나 행진을 하며 뜻을 보이는 일.

• ③ 남을 거칠고 사납게 제압할 때 쓰는 주먹이나 발, 몽둥이 같은 수단이나 힘.

7 대화를 읽고 빈칸에 알맞은 낱말을 써 보세요.

어휘
적용

선애: 어휴! 우리 엄마는 매번 내가 어디를 갈 때마다 ☐☐☐☐ 캐묻고

간섭이 너무 지나치셔. 혹시 너희 엄마도 그러시니?

영심: 매번 그러시지는 않아. 그런데 그게 무슨 말이야?

선애: '해당되는 모든 일마다'라는 뜻이야. 온갖 일이나 사건을 가리키는 사자성어지.

13 에어하트, 여성 비행사 최초로 대서양을 횡단하다

미국에 대서양을 횡단한 여성 비행사가 있었대! 쉽지 않은 도전이었을 텐데, 어떻게 성공했을까?

인물 사전

어밀리아 에어하트
(1897년 ~ 1937년)
미국의 비행사야. 여성 비행사가 거의 없던 시절, 여성 최초로 대서양 횡단 비행에 성공했어.

| 교과서 핵심어 | ★에어하트 | ★대서양 횡단 | ★미국 |

에어하트는 떨리는 마음으로 자신이 조종할 비행기 앞에 섰어. 오늘은 에어하트가 여성 최초로 대서양 단독❶ 횡단❷ 비행에 도전하는 역사적인 날이야.

"대서양 횡단에 도전하는 기분이 어떠십니까?"

기자들의 질문에 에어하트는 침착하게 대답했어.

"기다렸던 순간이라 무척 설렙니다. 반드시 성공하고야 말겠어요!"

에어하트는 미국에서 손꼽히는 숙련된❸ 비행사였어. 당시만 해도 에어하트 같은 여성 비행사는 무척이나 드물었지. 여성들은 사회에 진출❹해서 일을 하기보다는, 결혼을 해서 가정에서 집안일을 하는 게 바람직하다고 생각하던 때였거든. 그래서 에어하트는 어디서나 큰 인기를 끌었어.

"에어하트, 힘내세요! 할 수 있어요!"

수많은 응원과 환호 속에서 에어하트는 조종석에 앉았어. 잠시 뒤 에어하트의 비행기는 하늘로 힘차게 날아올랐지. 하지만 이륙❺한 지 얼마 안 돼 에어하트의 비행기는 제멋대로 흔들리기 시작했어. 폭풍우를 만난 거야.

"으으, 기계가 말을 듣지 않네? 어디까지 올라왔는지 모르겠어."

당시 비행기는 지금처럼 성능이 좋지 않았어. 그래서 비행기를 타는 것 자체가 위험한 일이었지. 더구나 대서양처럼 큰 바다를 혼자 비행해 건너는 것은 대단한 도전이었어.

"좋아! 폭풍우를 피해 더 높이 올라가 보자!"

그런데 더 높이 올라가자 이번에는 날씨가 추워지며 비행기 날개가 얼어붙었어. 다시 아래로 내려오니 갑작스런 기류 변화❻에 비행기가 휘청거렸지. 에어하트는 간신히 비행기를 바로잡았어.

---

❶ 단독(單홑 단, 獨홀로 독) 단 한 사람. ❷ 횡단(橫가로 횡, 斷끊을 단) 대륙이나 대양 등을 동서의 방향으로 가로 건넘. ❸ 숙련(熟익을 숙, 練익힐 련) 연습을 많이 하여 능숙하게 익힘. ❹ 진출(進나아갈 진, 出날 출) 어떤 방면으로 활동 범위나 세력을 넓혀 나아감. ❺ 이륙(離떼놓을 이, 陸뭍 륙) 비행기 등이 날기 위하여 땅에서 떠오름.

얼마쯤 더 날았을까? 이번엔 갑자기 엔진에서 연기가 피어오르기 시작했어. 이제 어떤 일이든 침착하게 대응했던 에어하트조차 초조해졌지.

'그냥 돌아갈까? 아니야. 여기서 그만둘 수는 없어. 끝까지 가보는 거야!'

에어하트는 엔진에 더 무리가 가지 않도록 주의하며 계속 나아갔어. 오래 지나지 않아 고기잡이배가 눈에 띄었지.

"배다! 배가 있으니 분명 근처에 육지가 있을 거야!"

예상대로 곧 땅이 나타났어. 에어하트는 잔뜩 긴장한 채 착륙 준비를 시작했지.

"슈우우웅~ 쿵!"

1932년 5월 21일, 비행기는 영국의 한 농장에 무사히 착륙했어. 출발한 지 14시간 56분 만에 대서양 횡단에 성공한 거야.

에어하트가 성공했다는 소식은 순식간에 전 세계로 퍼져 나갔지.

"에어하트, 당신은 전 세계 여성들에게 용기를 심어줬어요!"

에어하트는 자신의 도전은 여기서 끝나지 않을 거라며 미소 지었어. 에어하트의 도전은 당시 여성을 향한 수많은 편견의 벽을 낮춰 주었지. 지금도 미국 곳곳에는 에어하트의 이름을 붙인 거리와 학교, 공항이 남아 있어.

---

❻ 기류(氣기운 기. 流흐를 류) 공기의 흐름. ❼ 초조(焦그을릴 초. 燥마를 조) 애가 타서 마음이 조마조마함. ❽ 착륙(着붙을 착. 陸뭍 륙) 비행기 등이 공중에서 활주로나 판판한 곳에 내림. ❾ 편견(偏치우칠 편. 見볼 견) 공정하지 못하고 한쪽으로 치우친 생각.

1 이 글의 중심 내용으로 알맞은 것에 ○표 해 보세요.

중심
내용

① 최초로 하늘을
난 여성 비행사

② 많은 사람의 목숨을
앗아간 비행 사고

③ 대서양 단독 횡단
비행에 성공한 에어하트

☐   ☐   ☐

2 이 글의 에어하트에 대한 검색 결과로 알맞지 <u>않은</u> 것을 골라 보세요. (   )

인물
이해

┌───┐
│ 에어하트   ▼   🔍   │
└───┘

① [책] 여성 최초로 대서양을 단독 횡단한 비행사, 에어하트

② [여행기] 에어하트의 이름이 붙여진 학교에 다녀왔습니다!

③ [인물백과] 여성에 대한 편견의 벽을 낮춰 준 비행사 에어하트

④ [영상] 초보 비행사 에어하트는 어떻게 드넓은 대서양을 건넜을까?

3 이 글의 내용과 일치하면 ○표, 일치하지 않으면 ✕표 해 보세요.

내용
이해

(1) 옛날 미국에는 여성 비행사가 매우 많았다.   (   )

(2) 대서양처럼 큰 바다를 비행기로 건너는 것은 매우 어려웠다.   (   )

(3) 에어하트가 대서양을 횡단했다는 소식은 세상에 알려지지 않았다.   (   )

(4) 에어하트는 대서양을 횡단하는 도중 아무런 어려움도 겪지 않았다. (   )

4 에어하트의 비행 경로를 나타낸 지도예요. 빈칸에 들어갈 바다 이름을 써 보세요.

지도
읽기

5 빈칸을 채우며 이 글의 내용을 정리해 보세요.

핵심
정리

인물 카드(앞면)

이름:
어밀리아

인물 카드(뒷면)

- 생애: 1897년~1937년
- 국적: 미국
- 직업: 비행사
- 한 일: 여성 최초로 대서양을 단독
  횡단함.

어휘 학습

6 낱말의 알맞은 뜻을 찾아 선으로 이어 보세요.

어휘
복습

(1) 단독 •

(2) 숙련 •

(3) 착륙 •

• ① 단 한 사람.

• ② 연습을 많이 하여 능숙하게 익힘.

• ③ 비행기 등이 공중에서 활주로나 판판한 곳에 내림.

7 밑줄 친 낱말이 잘못 쓰인 문장을 골라 보세요. (   )

어휘
적용

① 언니가 전화를 받지 않자, 어머니는 몹시 초조해하셨다.

② 게임을 좋아하니까 공부를 못 할 거라고? 그건 편견이야.

③ 하늘을 날던 비행기에서 곧 이륙한다는 방송이 흘러나왔다.

④ 서울에서 출발한 비행기가 태평양을 횡단해 미국으로 향했다.

디즈니, 애니메이션의 역사를 새로 쓰다

디즈니는 애니메이션에 어떤 기술을 도입했을까? 디즈니가 만들어 낸 작품에는 또 어떤 것이 있을까?

 인물 사전

월트 디즈니
(1901년 ~ 1966년)

미국의 만화가이자 사업가야. 자신의 이름을 딴 회사를 만들고, 숱한 만화 캐릭터들을 창조해 낸 인물이지.

| 교과서 핵심어 | ★디즈니 ★미국 ★애니메이션 |

미국의 만화가 디즈니는 새 캐릭터를 구상하느라① 머리가 복잡했어. 디즈니는 애니메이션 회사를 운영했는데②, 망해가는 회사를 되살리려면 멋진 캐릭터가 필요했거든. 아내와 대화를 나누던 디즈니는 갑자기 무엇이 생각난 듯 무릎을 탁 쳤어.

"여보, 귀여운 생쥐를 만화 캐릭터로 만들어 보면 어떨까?"

"오, 정말 새로운 아이디어인데? 이름은 미키 마우스! 어때?"

오늘날 누구나 아는 유명 캐릭터 '미키 마우스'는 이렇게 탄생했어. 두 사람은 그때만 해도 미키 마우스가 이렇게 많은 사랑을 받게 될 줄은 꿈에도 몰랐지.

디즈니는 미키 마우스가 주인공인 애니메이션을 제작하기로③ 했어. 그런데 당시의 애니메이션은 요즘과 많이 달랐어. 소리 없는 흑백 화면에, 상영④ 시간은 10분도 안 되었지.

디즈니는 여태까지와는 전혀 다른 애니메이션을 만들고 싶었어.

"그래! 애니메이션에 소리를 넣어보는 거야!"

"애니메이션에 소리를 넣는다고요? 그런 기술은⑤ 너무 어려워요."

"돈이 많이 들어도 좋아! 우리가 그 기술을 만들어 보자고!"

디즈니는 애니메이션에 소리를 입히기 위해 많은 돈을 썼어. 온갖 노력을 한 끝에 마침내 1928년, 세계 최초로 소리가 나오는 애니메이션 〈증기선 윌리〉가 탄생했지.

"와, 애니메이션에서 소리가 나다니 정말 놀라워!"

"미키 마우스가 진짜 살아있는 것 같아!"

관객들의 뜨거운 반응을 지켜보며 디즈니는 흐뭇하게 웃었어. 디즈니는 어느

---

❶ **구상**(構얽을 구, 想생각할 상) 예술 작품을 창작할 때, 작품의 내용이나 표현 형식 등을 미리 생각하여 정함. 또는 그 생각. ❷ **운영**(運돌 운, 營경영할 영) 조직이나 기구, 사업체 등을 관리하고 이끌어 나감. ❸ **제작**(製지을 제, 作지을 작) 재료를 가지고 새로운 물건이나 예술 작품을 만듦. ❹ **상영**(上위 상, 映비출 영) 영화를 극장 등의 장소에서 화면으로 관객에게 보이는 일.

허허, 이 세상에 디즈니 애니메이션을 모르는 사람은 없지요!

새 새로운 도전을 꿈꾸고 있었지.

'다음은 컬러로 만든 장편 애니메이션이다!'

디즈니는 앞으로 흑백 영화는 사라지고 컬러 영화 시대가 펼쳐질 거라고 생각했어. 그리고 애니메이션도 다른 영화처럼 장편으로 만들어봐야겠다고 마음먹었지. 이번에도 여태껏 세상에 없던 작품을 만들기로 한 거야.

그리고 마침내 1937년, 세계 최초의 장편 컬러 애니메이션 〈백설 공주〉가 탄생했어. 〈백설 공주〉는 전 세계 46개국에서 개봉되며 큰 성공을 거두었어. 당시 미국 영화 역사상 가장 많은 돈을 벌어들인 영화로 기록되었지. 이제 전 세계에 디즈니의 이름이 널리 알려졌어.

"디즈니가 애니메이션의 역사를 새롭게 썼어!"

디즈니는 그 후로도 '도날드 덕' 등 세계적인 캐릭터를 숱하게 만들어 내며 명성을 이어 나갔어. 하지만 디즈니의 도전은 여기서 그치지 않았지.

'애니메이션 속의 캐릭터들이 모여 사는 놀이공원이 있으면 아이들이 좋아하지 않을까?'

디즈니는 자신의 캐릭터를 사랑하는 어린이들이 마음껏 즐길 수 있는 놀이공원을 만들기로 했어. 이렇게 탄생한 것이 세계 최초의 테마파크 '디즈니랜드'야. 애니메이션 속 캐릭터들을 현실에서 만날 수 있는 공간이었지. 디즈니랜드는 인기 관광지가 되었어. 지금도 매년 수천만 명이 방문할 정도야.

디즈니가 세상을 떠난 후 오늘날까지도 디즈니가 만들어 낸 캐릭터와 이야기들은 전 세계 사람들의 사랑을 받고 있지.

---

❺ 기술(技재주 기, 術꾀 술) 과학 이론을 실제로 적용하여 사물을 인간 생활에 쓸모가 있게 하는 수단. ❻ 장편(長길 장, 篇책 편) 내용이 길고 복잡한 소설. 시. 영화 등. ❼ 개봉(開열 개, 封봉할 봉) 새 영화를 처음으로 관객에게 선보임. ❽ 테마파크 특정한 주제를 정해 사람들이 즐길 수 있도록 만든 공간.

 독해 학습

1 빈칸을 채워 이 글의 중심 내용을 완성해 보세요.

중심
내용

계속 도전해 애니메이션의 역사를 새로 쓴 만화가			

2 이 글의 디즈니에 대한 설명으로 알맞은 것을 <u>모두</u> 선으로 이어 보세요.

인물
이해

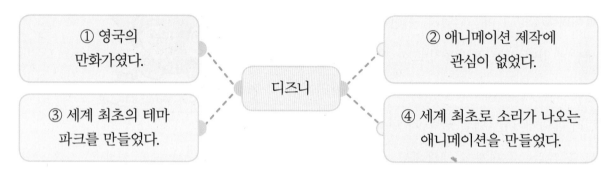

① 영국의 만화가였다.

③ 세계 최초의 테마 파크를 만들었다.

디즈니

② 애니메이션 제작에 관심이 없었다.

④ 세계 최초로 소리가 나오는 애니메이션을 만들었다.

3 이 글을 영상으로 만들었어요. 영상에 들어갈 장면으로 알맞지 <u>않은</u> 것을 골라 보세요.

내용
적용

(   )

① 컬러 애니메이션 제작에 반대하는 디즈니
② <백설 공주>의 성공으로 큰돈을 번 디즈니
③ 생쥐를 주인공으로 한 캐릭터를 디자인하는 디즈니
④ 애니메이션에 소리를 입히려고 많은 돈을 쓴 디즈니

4 이 글을 읽고 다음 작품에 대한 설명으로 알맞은 것을 골라 보세요. (   )

자료
해석

▲ 〈증기선 윌리〉

① 전 세계 46개국에서 개봉됐다.
② 미키 마우스가 주인공으로 등장한다.
③ 세계 최초의 장편 컬러 애니메이션이다.
④ 개봉 당시 미국 역사상 가장 많은 돈을 벌어들인 영화로 기록됐다.

5 빈칸을 채우며 이 글의 내용을 정리해 보세요.

핵심
정리

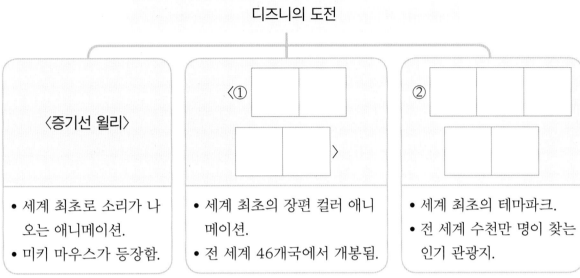

디즈니의 도전

〈증기선 윌리〉
- 세계 최초로 소리가 나오는 애니메이션.
- 미키 마우스가 등장함.

〈① ☐ / ☐〉
- 세계 최초의 장편 컬러 애니메이션.
- 전 세계 46개국에서 개봉됨.

② ☐
- 세계 최초의 테마파크.
- 전 세계 수천만 명이 찾는 인기 관광지.

어휘 학습

6 낱말의 알맞은 뜻을 찾아 선으로 이어 보세요.

어휘
복습

(1) 제작 •

(2) 상영 •

(3) 운영 •

• ① 재료를 가지고 새로운 물건이나 예술 작품을 만듦.

• ② 조직이나 기구, 사업체 등을 관리하고 이끌어 나감.

• ③ 영화를 극장 등의 장소에서 화면으로 관객에게 보이는 일.

7 밑줄 친 낱말의 알맞은 뜻을 골라 번호를 써 보세요.

어휘
적용

개봉 (開열 개 封봉할 봉)	① 봉하여 두었던 것을 떼거나 엶. 예 아버지는 두툼한 편지 봉투를 **개봉**하셨다. ② 새 영화를 처음으로 관객에게 선보임. 예 우리는 설날 **개봉**을 목표로 영화를 찍는다.

(1) 디즈니가 만든 애니메이션은 전 세계에 동시 개봉될 예정이다. (　　　)

(2) 상품을 맞바꾸거나 돈을 돌려받으려면 상품을 절대 개봉해서는 안 된다. (　　　)

15

루스벨트, 대공황을 극복하기 위해 노력하다

루스벨트는 대공황 극복을 위해 어떤 방법을 썼을까? 그리고 과연 성공했을까?

프랭클린 루스벨트
(1882년 ~ 1945년)

미국의 제32대 대통령이야. 루스벨트는 정부가 나라 경제에 적극적으로 나서야 한다며 뉴딜 정책을 펼쳤어. 제2차 세계 대전 당시 미국을 승리로 이끈 대통령이기도 해.

| 교과서 핵심어 | ★루스벨트　★미국　★대공황　★뉴딜 정책 |

1930년대, 미국 경제❶는 큰 위기❷를 맞이했어. 주식❸ 가격이 크게 떨어지면서 기업과 은행이 줄줄이 무너졌고, 노동자들은 일자리를 잃고 실업자❹가 되고 말았지. 실업자들은 다시 일자리를 얻기가 너무나 어려웠어.

"혹시 사람 필요하지 않으십니까? 무슨 일이든 맡겨만 주시면 잘할 자신 있습니다."

"지금 회사 사정이 너무 어려워서 사람을 새로 뽑을 수가 없어요. 미안하지만 다른 곳에 가 보셔야겠습니다."

경제가 너무 어렵다 보니 회사들이 사람을 뽑으려 하지 않았던 거야. 그러는 사이 더 많은 회사가 무너졌고, 실업자는 더더욱 많아졌지. 미국 길거리는 순식간에 실업자로 가득 찼어. 명문 대학을 나온 젊은이도, 이미 수십 년 동안 훌륭하게 일했던 전문가들도 모두 일자리를 얻지 못해 매일 쩔쩔매고 있었지. 이렇게 미국에서 시작된 경제 위기는 곧 전 세계로 퍼져서 수많은 나라를 고통에 빠뜨렸어. 이 사건을 경제 대공황❺이라고 불러.

경제 대공황을 해결할 방법을 두고 사람들은 서로 의견이 달랐어.

"전 세계 사람들이 고통을 받고 있어요. 늦기 전에 정부가 나서서 위기를 해결해야 합니다."

"안 됩니다! 경제는 아주 복잡해서, 정부가 함부로 나서면 지금보다 더 큰 문제가 생깁니다. 시간을 두고 지켜보면 저절로 해결될 겁니다."

전 세계 많은 나라들이 쉽게 결론을 내리지 못했지. 그런데 이때, 미국의 루스벨트 대통령이 나섰어.

"결정했습니다. 정부가 나서서 경제를 살려야 합니다!"

---

❶ 경제(經지날 경, 濟건널 제) 생산이나 소비 등과 관련된 사람들의 활동. 또는 한 사회나 국가에서 돈, 자원, 산업, 생산, 소비, 무역 등과 관련된 모든 활동. ❷ 위기(危위태할 위, 機틀 기) 위험한 고비나 시기. ❸ 주식(株그릇 주, 式법 식) 주식회사의 자본을 같은 값으로 나누어 놓은 단위나 증권. ❹ 실업자(失잃을 실, 業업 업, 者사람 자) 직업이 없거나 직업을 잃은 사람.

역사 사전

대공황

1929년부터 1939년까지 계속된 세계적인 경제 위기를 가리키는 말이야. 미국에서 시작되어 전 세계 많은 나라가 영향을 받았지.

뉴딜 정책

대공황 극복을 위해 미국 정부가 1933년부터 시행한 정책을 가리키는 말이야. 미국의 루스벨트 대통령이 주도했지.

루스벨트 대통령은 정부가 나서서 대공황으로 고통 받는 국민을 당장 구하기로 하고, 여러 가지 정책⁶을 내놓았어. 이 정책을 '뉴딜 정책'이라고 해.

"일자리가 없으니, 정부가 직접 만들어 냅시다. 좋은 방법이 없을까요?"

"큰 공사를 벌이면 어떨까요? 공사를 하려면 일꾼이 많아야 하니 실업자들에게 일자리를 제공⁷할 수 있습니다."

"음, 좋아요. 마침 큰 댐이나 고속도로가 필요한 곳이 많다고 합니다."

루스벨트 대통령은 큰 공사를 벌였어. 미국 곳곳에 고속도로와 댐을 지었고, 마을마다 병원이나 도서관을 세웠지. 도로를 새로 만들거나 가로수를 심기도 했어. 이렇게 하면 실업자에게 일자리를 제공할 수 있고, 지방에 필요한 시설도 만들 수 있어서 일석이조⁸였지.

"대통령 각하, 그런데 공사장에서 일할 수 없는 사람도 있습니다."

"그럼 다른 일자리도 마련해 봅시다. 어떤 게 있을까요?"

화가와 음악가, 배우와 작가들도 뉴딜 정책으로 새롭게 일자리를 얻었어. 이들은 대공황으로 지친 국민을 위로하는 그림을 그리고, 연극과 음악을 만들었어. 뉴딜 정책으로 일자리를 구한 사람만 수백만 명이나 되었지.

루스벨트의 뉴딜 정책은 미국이 대공황을 극복⁹하는 데 큰 역할을 했어. 그래서 세계 어느 나라건 경제 위기를 맞이할 때면, 지금도 루스벨트와 뉴딜 정책을 떠올리곤 해.

---

❺ 공황(恐두려울 공. 慌두려워할 황) 극도로 놀랍고 두려워서 불안한 상태. 또는 경제 순환 과정에서 나타나는 경제 혼란 현상. ❻ 정책(政정사 정. 策채찍 책) 정치적인 목적을 이루거나 사회적인 문제를 해결하기 위한 방법. ❼ 제공(提끌 제. 供이바지할 공) 무엇을 내주거나 가져다줌. ❽ 일석이조(─하나 일. 石돌 석. 二두 이. 鳥새 조) 동시에 두 가지의 이득을 봄. ❾ 극복(克이길 극. 服옷 복) 나쁜 조건이나 힘든 일 등을 이겨 냄.

1 이 글의 중심 내용으로 알맞은 것을 골라 보세요. (   )

중심
내용

① 경제 대공황을 맞이한 미국 경제

② 명문 대학을 나와 실업자가 된 사람들

③ 뉴딜 정책을 통해 일자리를 얻은 예술가들

④ 경제 대공황을 해결하기 위해 뉴딜 정책을 펼친 루스벨트

2 이 글의 루스벨트에 대한 설명으로 알맞지 <u>않은</u> 것을 골라 보세요. (   )

인물
이해

① 미국의 대통령이었다.

② 미국의 경제 위기를 극복하기 위해 노력했다.

③ 정부가 경제에 손을 대서는 안 된다고 생각했다.

④ 대공황으로 고통 받는 국민을 위한 경제 정책을 펼쳤다.

3 이 글의 루스벨트와 인터뷰를 했어요. 빈칸에 들어갈 말로 알맞지 <u>않은</u> 것을 골라 보세요.

내용
적용
(   )

> 기자: 어떻게 경제 대공황을 극복하셨나요?
>
> 루스벨트: _____

① 실업자들을 위한 일자리를 만들었습니다.

② 미국 곳곳에 고속도로와 댐을 지었습니다.

③ 큰 공사를 중단하여 나라의 돈을 아꼈습니다.

④ 예술가의 일자리를 마련하기 위해 예술 산업을 지원하였습니다.

4 다음 신문 기사에서 이 글의 내용과 일치하지 <u>않는</u> 것을 골라 보세요. (   )

내용
적용

> **○○ 신문** ━━━━━━━━━━━━━━━━━━━ 1933년 ○○월 ○○일 ━━━
>
> **〈속보〉 루스벨트 대통령, 뉴딜 정책을 발표하다.**
>
> 경제가 날이 갈수록 어려워지고 있습니다. ① <u>주식 가격이 크게 떨어졌고,</u> ② <u>많은</u> <u>사람들이 실업자가 되었습니다.</u> 이에 대해 ③ <u>모든 사람들이 경제 위기 극복을 위해 정</u> <u>부가 나서야 한다고 주장했습니다.</u> 이에 따라 ④ <u>루스벨트 대통령이 뉴딜 정책을 발표</u> <u>하였습니다.</u> 국민들은 뉴딜 정책에 따른 실업 문제 해결과 경제 위기 극복을 기대하고 있습니다.

5

핵심
정리

빈칸을 채우며 이 글의 내용을 정리해 보세요.

1930년대 미국의 경제 위기가 전 세계로 퍼지며 경제 ①⬚⬚⬚ 이 찾아왔다.

⬇

루스벨트 대통령은 정부가 직접 국민들에게 일자리를 제공하는 등

경제 위기를 극복하기 위해 ②⬚⬚ 정책을 내놓았다.

⬇

수많은 사람들이 이 정책 덕분에 일자리를 얻었고, 미국은 경제 위기를 극복할 수 있었다.

어휘 학습

6

어휘
복습

낱말의 알맞은 뜻을 찾아 선으로 이어 보세요.

(1) 공황 •

(2) 정책 •

(3) 극복 •

• ① 나쁜 조건이나 힘든 일 등을 이겨 냄.

• ② 정치적인 목적을 이루거나 사회적인 문제를 해결하기 위한 방법.

• ③ 극도로 놀랍고 두려워서 불안한 상태. 또는 경제 순환 과정에서 나타나는 경제 혼란 현상.

7

어휘
적용

다음 설명을 읽고 밑줄 친 사자성어가 알맞게 쓰인 문장을 골라 보세요. (　　　)

일석이조(一石二鳥)는 돌 하나를 던져서 두 마리 새를 잡는다는 뜻으로, 동시에 두 가지의 이득을 본다는 의미이다.

① 신나는 영화를 보면서 영어 공부도 하니, 일석이조로구나.

② 전쟁터에서는 물러서지 않는 일석이조의 정신을 가져야 한다.

③ 오늘 이겼다고 일석이조 하지 말자. 마지막까지 최선을 다해야 해.

▶ 정답 17쪽

핵심어 찾기 대작전!

🔍 각각의 빈칸에 들어갈 핵심어를 아래 글자판에서 찾아 동그랗게 묶고, 해당 번호를 써 보세요.

❶ 어밀리아 ○○○○는 여성 최초로 대서양 단독 횡단 비행에 성공했어.

❷ 인도의 독립운동가 마하트마 ○○는 비폭력·비협조 운동을 벌여 영국과 맞서 싸 웠어.

❸ 루스벨트 대통령이 경제 위기 극복을 위해 실행한 정책을 ○○ 정책이라고 해.

❹ 1930년대 시작된 미국의 경제 위기는 전 세계로 퍼졌어. 이 사건을 경제 ○○○이라 고 해.

❺ 월트 ○○○는 세계 최초로 소리가 나오는 애니메이션을 만들었어.

❻ '자동차의 왕'이라 불리는 헨리 ○○는 컨베이어 벨트를 이용해 자동차 생산 시간을 획기적으로 줄였어.

잭	비	❶에	어	하	트
리	간	마	베	이	컨
포	폭	디	트	어	대
드	트	하	레	벨	공
마	뉴	딜	책	정	황
트	월	디	즈	니	닌

4주

다시 한 번 세계 대전이 일어났대!
제2차 세계 대전에서는 과연 어떤 일이 있었을까?

1940년
한국광복군 창설

1945년
대한민국 독립

1939년
제2차 세계 대전
(~1945년)

1941년 6월
독일, 소련 침공

1941년 12월
진주만 공습

1944년
노르망디 상륙
작전

1945년
히로시마·
나가사키
원자 폭탄 투하

회차	학습 내용	교과서 핵심어	교과 연계	학습 계획일
16	**히틀러,** 제2차 세계 대전을 일으키다	★ 히틀러 ★ 독일 ★ 나치당 ★ 제2차 세계 대전	【중학 역사 I】 5. 세계 대전과 사회 변동 ① 세계 대전과 국제 질서의 변화	월 일
17	**스탈린,** 히틀러와 결전을 벌이다	★ 스탈린 ★ 히틀러 ★ 스탈린그라드 전투	【중학 역사 I】 5. 세계 대전과 사회 변동 ① 세계 대전과 국제 질서의 변화	월 일
18	**안네,** 유대인 탄압의 역사를 기록으로 남기다	★ 안네 ★ 독일 ★ 유대인 ★ 홀로코스트	【중학 역사 I】 5. 세계 대전과 사회 변동 ① 세계 대전과 국제 질서의 변화	월 일
19	일본, **태평양 전쟁**을 일으키다	★ 진주만 ★ 태평양 전쟁 ★ 원자 폭탄	【중학 역사 I】 5. 세계 대전과 사회 변동 ① 세계 대전과 국제 질서의 변화	월 일
20	연합군의 승리로 **제2차 세계 대전**이 끝나다	★ 연합군 ★ 노르망디 상륙 작전 ★ 제2차 세계 대전	【중학 역사 I】 5. 세계 대전과 사회 변동 ① 세계 대전과 국제 질서의 변화	월 일
역사 놀이터		**핵심어로 비밀 숫자 찾기!**		

16

히틀러, 제2차 세계 대전을 일으키다

제2차 세계 대전은 역사상 가장 참혹한 전쟁이었대! 독일의 히틀러는 대체 왜 세계 대전을 일으킨 걸까?

아돌프 히틀러
(1889년 ~ 1945년)

독일의 정치가야. 독일을 강한 나라로 되살리자고 주장하며 제2차 세계 대전을 일으켰지.

독일을 위대하게 만들겠습니다!

| 교과서 핵심어 | ★ 히틀러 ★ 독일 ★ 나치당 ★ 제2차 세계 대전 |

제1차 세계 대전은 유럽 여러 나라에 큰 피해를 입혔어. 하지만 누구보다 큰 피해를 입은 나라는 전쟁에서 패배한 독일이었지. 많은 사람이 죽었을 뿐 아니라, 전쟁에 승리한 영국과 프랑스에 엄청난 배상금까지 내야 했거든. 배상금이 너무나 많아서 나라의 살림살이가 휘청거릴 정도였지. 독일 사람들은 모두 불만이 많았어.

"전쟁에서 졌다고 돈까지 내야 하다니, 정말 너무해!"

"우리 누구보다 열심히 일합시다. 열심히 일해서, 독일을 다시 한 번 강한 나라로 만듭시다!"

독일 사람들은 이를 악물고 열심히 일했어. 독일 사람들이 똘똘 뭉친 덕분에 몇 년 만에 배상금도 많이 갚았고, 경제도 조금씩 회복됐지.

그런데 큰일이 터졌어. 미국에서 시작된 경제 대공황이 독일까지 번진 거야. 독일은 대공황으로 경제가 크게 어려워졌지. 기업이 망하고, 실업자가 늘어났어. 물가도 크게 올랐어. 독일 사람들은 크게 좌절했지.

"아! 우리 독일 사람들은 열심히 일하는데, 왜 이렇게 살기가 어려운 걸까?"

그런데 이때, 독일에 히틀러라는 정치인이 등장했어.

"여러분, 우리 독일 민족은 세계에서 가장 뛰어난 민족입니다! 나는 기필코 독일을 세계 제일의 나라로 만들고 말 것입니다!"

히틀러는 나치당을 이끄는 정치인이었어. 히틀러는 연설 실력이 아주 뛰어났지. 히틀러가 연설만 시작하

---

❶ 배상금(賠물어줄 배, 償갚을 상, 金쇠 금) 남에게 입힌 손해에 대해 물어 주는 돈. ❷ 물가(物만물 물, 價값 가) 물건의 값. ❸ 좌절(挫꺾을 좌, 折꺾을 절) 마음이나 기운이 꺾임. ❹ 연설(演멀리 흐를 연, 說말씀 설) 여러 사람 앞에서 자신의 생각이나 주장을 말함.

면 수많은 사람들이 몰려들어 열렬히 환호했고, 때로는 감격해서 눈물 흘리는 사람까지 있을 정도였어.

"히틀러 말이 맞아! 우리 독일은 세계에서 제일 강한 나라가 될 수 있어!"

그런데 히틀러의 주장은 점점 더 과격해졌어.

"뛰어난 민족이 세계를 지배하는 게 당연하지 않습니까? 그러니까 이제 우리 독일 민족이 하나로 뭉쳐서 세계를 지배해야 합니다!"

"와! 와! 히틀러 만세!"

자칫하면 큰 전쟁을 부를 수 있는 위험한 주장이었어. 하지만 전쟁과 경제 위기에 지쳐 있던 독일 사람들은 히틀러의 달콤한 말에 서서히 넘어갔지.

1933년, 히틀러는 투표를 통해 독일 최고의 지도자로 뽑혔어. 그러자 히틀러는 더욱 기세등등해졌지.

"이제 독일 민족이 얼마나 우수한지 세상에 알려야겠다."

히틀러는 강력한 군대를 키웠어. 그리고 주변의 작은 나라들을 위협해 하나씩 집어삼켰지. 그러자 영국과 프랑스처럼 큰 나라들도 서서히 불안해졌어. 영국과 프랑스는 히틀러에게 경고를 보냈어.

"히틀러! 더 이상 주변 나라들을 집어삼키는 건 인정할 수 없다. 거기서 멈춰라."

"무슨 소리냐? 독일의 앞을 가로막는다면, 오직 전쟁뿐이다!"

히틀러는 멈추지 않았어. 이번에는 이웃 나라 폴란드를 향해 공격 명령을 내렸지. 영국과 프랑스도 더 이상 독일의 침략을 두고 볼 수가 없었어.

"늦기 전에 히틀러를 저지해야 합니다. 모두 독일에 맞서 싸웁시다!"

이렇게 세계는 다시 한 번 전쟁에 휘말리게 됐어. 이 전쟁을 두 번째로 일어난 세계 대전이란 뜻에서 '제2차 세계 대전'이라고 불러. 제2차 세계 대전은 인류 역사상 가장 많은 나라가 참여한 전쟁이었고, 가장 많은 사람이 죽은 전쟁이기도 해.

 역사 사전

제2차 세계 대전
(1939년 ~ 1945년)

1939년, 독일의 폴란드 침공으로 시작된 전쟁이야. 인류 역사상 가장 큰 전쟁이었지.

나치당

1919년 만들어진 독일의 정당이야. 히틀러를 지도자로 삼은 후 독일의 권력을 잡고 제2차 세계 대전을 일으켰지.

---

❺ 과격(過지날 과, 激과격할 격) 지나칠 정도로 세차고 사나움. ❻ 기세등등(氣기운 기, 勢기세 세, 等오를 등, 等오를 등) 기세가 매우 높고 힘찬 모양. ❼ 우수(優넉넉할 우, 秀빼어날 수) 여럿 가운데 뛰어남. ❽ 저지(沮막을 저, 止그칠 지) 막아서 못하게 함.

1 이 글의 중심 내용으로 알맞은 것에 ○표 해 보세요.

중심
내용

① 제2차 세계
대전을 일으킨
히틀러

② 독일의 경제를
살린 위대한 지도자
히틀러

③ 나치당을
몰아내고 독일 최고
지도자가 된 히틀러

2 이 글의 히틀러에 대한 내용과 일치하면 ○표, 일치하지 않으면 X표 해 보세요.

인물
이해

(1) 연설 실력이 아주 뛰어난 정치인이었다.   (   )

(2) 독일 민족이 세계를 지배해야 한다고 주장했다.   (   )

(3) 독일이 내야 할 배상금을 모두 대신 갚아 주었다.   (   )

(4) 프랑스의 경고를 받고 주변 나라를 침략하는 것을 멈췄다.   (   )

3 이 글을 읽고 제2차 세계 대전에 대한 설명으로 알맞은 것을 골라 보세요. (   )

내용
이해

① 서양 여러 강국이 식민지를 두고 맞서다가 시작됐다.

② 독일이 영국에 배상금을 내는 것을 거부하면서 시작됐다.

③ 독일이 이웃한 영국과 프랑스의 침략을 받으면서 시작됐다.

④ 독일의 폴란드 침략에 영국과 프랑스가 맞서면서 시작되었다.

4 이 글을 영화로 만들었어요. 영화에 들어갈 장면으로 알맞지 <u>않은</u> 것을 골라 보세요.

내용
적용

(   )

① 독일 군대가
폴란드를 향해
쳐들어가는
장면

② 독일이 대공황의
영향으로 경제
위기를 맞이하는
장면

③ 독일 사람들이
히틀러의 연설에
눈물을 흘리며
감격하는 장면

④ 히틀러가 군대를
이끌고 반란을
일으켜 독일의
지도자가 되는 장면

5
핵심
정리

빈칸을 채우며 이 글의 내용을 정리해 보세요.

나치당을 이끄는 정치인 ① [   ][   ] 는 뛰어난 연설 실력으로

독일 사람들의 마음을 사로잡았다.

⬇

1933년 그는 투표를 통해 독일 최고 지도자가 되었고,

독일 민족의 우수함을 주장하며 주변 나라를 하나씩 집어삼켰다.

⬇

독일이 폴란드를 침략하자 영국과 프랑스가 맞서며

제2차 ② [   ][   ] [   ][   ] 이 일어났다.

어휘 학습

6
어휘
복습

낱말의 알맞은 뜻을 찾아 선으로 이어 보세요.

(1) 연설 •

(2) 과격 •

(3) 기세등등 •

• ① 기세가 매우 높고 힘찬 모양.

• ② 지나칠 정도로 세차고 사나움.

• ③ 여러 사람 앞에서 자신의 생각이나 주장을 말함.

7
어휘
적용

보기 에서 알맞은 낱말을 찾아 밑줄 친 말을 바꾸어 써 보세요.

| 보기 | 배상금 | 물가 | 좌절 | 우수 | 저지 |

(1) 물건의 값이 너무 많이 올라서 장 보러 가기가 겁난다.

➡ (   )가 너무 많이 올라서 장 보러 가기가 겁난다.

(2) 11번 선수의 공격을 막아서 못하게 한다면 우리 팀이 이길 수 있다.

➡ 11번 선수의 공격을 (   )한다면 우리 팀이 이길 수 있다.

17

스탈린, 히틀러와 결전을 벌이다

강력한 두 나라가 제대로 한판 붙었어! 히틀러와 스탈린 둘 중 누가 전쟁에서 승리했을까?

이오시프 스탈린
(1878년 ~ 1953년)

소련의 정치가야. 레닌의 뒤를 이어 소련의 권력을 장악했어. 자신에게 반대하는 사람의 목숨을 모조리 빼앗은 무서운 독재자로 유명하지.

| 교과서 핵심어 | ★스탈린 ★히틀러 ★스탈린그라드 전투 |

히틀러가 독일의 권력을 잡았을 무렵, 소련에는 스탈린이라는 사람이 권력을 꽉 쥐고 있었어. 스탈린은 레닌의 뒤를 이어 소련의 권력을 잡았는데, 조금이라도 자기 마음에 들지 않는 사람은 살려두지 않는 사람으로 악명이 높았지.

세계 정복을 꿈꾸던 히틀러는 스탈린이 자신을 방해할까 봐 두려웠어. 그래서 사람을 보내서 이렇게 제안[1]했지.

"곧 전쟁이 터질 텐데, 그때 우리 독일과 소련은 서로 싸우지 맙시다. 그 대신, 독일과 소련이 폴란드를 절반씩 나누어 가지면 어떻겠소?"

"오, 좋소! 그렇다면 우리 조약을 맺읍시다."

스탈린도 히틀러와 싸울 생각은 없었어. 그래서 흔쾌히 히틀러와 조약을 맺었지. 얼마 뒤, 히틀러가 폴란드를 공격하며 제2차 세계 대전이 터졌어.

"히틀러가 전쟁을 시작했다. 우리 소련도 폴란드에 군대를 보내자."

소련군은 약속대로 폴란드의 절반을 빠르게 집어삼켰어. 그 사이 독일은 서유럽의 프랑스를 정복하고 바다 건너 영국까지 궁지로 몰아 붙였지. 그런데 독일군이 너무 쉽게 승리를 거듭하자, 히틀러의 마음은 조금씩 바뀌었어.

'우리 독일군이 생각보다 훨씬 강하잖아? 소련도 무찌를 수 있겠는걸?'

히틀러는 조약을 깨고 소련을 공격하기로 마음먹었어. 얼마 뒤, 독일의 대군이 일제히 소련 국경을 넘어 공격을 시작했지.

"스탈린 각하[2], 독일군이 소련으로 진격[3] 중이라 합니다!"

"뭐라고? 히틀러, 이 배신자 같으니!"

독일군은 예상치 못한 공격에 당황한 소련군을 파죽지세[4]로 무찔렀어. 독일군은 순식간에 소련의 수도 모스크바 코앞까지 몰려들었지. 하지만 스탈린은 이를

---

❶ 제안(提끌 제, 案책상 안) 의견이나 안건을 내놓음. ❷ 각하(閣문설주 각, 下아래 하) 특정한 높은 지위의 관리를 높여 부르는 말. ❸ 진격(進나아갈 진, 擊부딪칠 격) 적을 치기 위해 앞으로 나아감. ❹ 파죽지세(破깨뜨릴 파, 竹대 죽, 之갈 지, 勢기세 세) 적을 거침없이 물리치고 쳐들어가는 기세를 이르는 말.

악물고 독일군에 맞섰어.

"목숨을 걸고 조국을 지키자. 독일에게 나라를 빼앗길 순 없다!"

소련군은 스탈린의 지휘 아래 독일군과 결사적으로 맞섰어. 두 나라는 특히 스탈린그라드라는 도시에서 매우 치열하게 싸웠어. 이 전투를 '스탈린그라드 전투'라고 해. 스탈린그라드 전투는 세계 역사상 가장 참혹한 전투였어. 수백만이나 되는 군인이 목숨을 잃었지.

"소련이 이렇게나 강하다니!"

독일군은 끝도 없이 나서는 소련군에 밀려 결국 물러설 수밖에 없었어.

"이제는 독일을 점령하고 배신자 히틀러의 숨통을 끊을 차례다. 진격하라!"

소련군은 이제 독일을 향해 나아갔어. 세계를 정복할 듯 위풍당당했던 히틀러와 독일의 몰락이 시작된 거야.

❺ 조국(祖할아비 조, 國나라 국) 조상 때부터 대대로 살던 나라. ❻ 결사(決결정할 결, 死죽을 사) 죽기를 각오하고 있는 힘을 다할 것을 결심함. ❼ 몰락(沒잠길 몰, 落떨어질 락) 멸망하여 모조리 없어짐.

1

중심
내용

이 글의 중심 내용으로 알맞은 것을 골라 보세요. (   )

① 독인에 맞서 싸운 소련

② 제2차 세계 대전에 승리한 독일

③ 독일과 맺은 조약을 깨뜨린 소련

④ 독일과 소련의 평화를 유지한 조약

2

인물
이해

이 글의 스탈린에 대한 설명으로 알맞은 것을 <u>모두</u> 골라 보세요. (,   )

① 소련의 지도자였다.

② 세계 정복을 계획했다.

③ 독일의 공격을 막아냈다.

④ 제2차 세계 대전을 일으켰다.

3

내용
이해

이 글의 히틀러가 소련을 공격한 까닭으로 알맞은 것을 골라 보세요. (   )

① 소련이 독일을 공격하였기 때문에

② 소련이 약속을 어기고 프랑스를 차지했기 때문에

③ 스탈린이 비밀리에 세계 정복을 계획한다는 소문이 돌았기 때문에

④ 소련도 다른 나라처럼 쉽게 무찌를 수 있을 것이라 생각했기 때문에

4

자료
해석

이 글을 읽고 빈칸에 들어갈 말로 알맞지 <u>않은</u> 것을 골라 보세요. (   )

용선생: 이 그림은 독일과 소련이 맺은 조약을 히틀러와 스탈린이 결혼하는 것처럼 우스꽝스럽게 나타냈어. 이 조약은 어떤 조약이었을까?

선애: _____

① 소련이 독일에게 제안한 조약입니다.

② 독일과 소련이 폴란드를 나눠 갖기로 했습니다.

③ 제2차 세계 대전을 치르기 전에 맺은 조약입니다.

④ 독일과 소련이 서로 공격하지 않겠다는 내용입니다.

5 빈칸을 채우며 이 글의 내용을 정리해 보세요.

핵심
정리

독일의 히틀러는 소련의 ① ☐☐☐ 과

서로 공격하지 않겠다는 조약을 맺었다.

⬇

서유럽 국가들을 손쉽게 점령한 히틀러는 약속을 깨고 소련을 공격하였다.

⬇

소련은 ② ☐☐☐☐☐ 에서 독일의 공격을 막아냈다.

어휘 학습

6 낱말의 알맞은 뜻을 찾아 선으로 이어 보세요.

어휘
복습

(1) 제안 •

(2) 각하 •

(3) 진격 •

• ① 의견이나 안건을 내놓음.

• ② 적을 치기 위해 앞으로 나아감.

• ③ 특정한 높은 지위의 관리를 높여 부르는 말.

7 빈칸에 들어갈 알맞은 낱말을 보기에서 찾아 문장을 완성해 보세요.

어휘
적용

| 보기 | 파죽지세 | 조국 | 결사 | 몰락 |

(1) 찬란한 역사를 가진 로마 제국이 ＿＿＿＿＿＿한 이유가 뭘까?
ㄴ 멸망하여 모조리 없어짐.

(2) 이 탑은 ＿＿＿＿＿＿을 위해 희생한 군인들을 기리기 위해 세워졌다.
ㄴ 조상 때부터 대대로 살던 나라.

(3) 주민들은 아파트 앞에 소각장이 들어서는 것을 ＿＿＿＿＿ 반대했다.
ㄴ 죽기를 각오하고 있는 힘을 다할 것을 결심함.

18 안네, 유대인 탄압의 역사를 기록으로 남기다

안네의 일기장에는 독일 사람들이 유대인에게 저지른 만행이 기록되어 있대. 안네는 어떤 일을 겪었을까?

안네 프랑크
(1929년 ~ 1945년)

독일 출신의 유대인 소녀야. 탄압받는 유대인의 일상을 일기에 기록했어. 이 기록은 훗날 《안네의 일기》로 출간되어 세계적으로 유명해졌지.

| 교과서 핵심어 | ★안네 ★독일 ★유대인 ★홀로코스트 |

1942년 여름, 안네는 열세 번째 생일을 맞아 아버지에게 멋진 일기장을 선물받았어. 안네는 일기장에 '키티'라는 이름을 붙였지.

'안녕 키티? 내 이름은 안네야. 이제부터 너에게 내 마음 속의 비밀을 털어 놓을게.'

안네는 독일에 살던 유대인 소녀야. 유대인은 자기 나라가 없어서 유럽 곳곳에 흩어져 살던 민족이었지. 유대인은 유럽 사람들과 믿는 종교가 다르고, 문화도 달랐어.

히틀러와 나치당은 유대인을 무척이나 싫어했어. 유대인 중에서는 사업에 성공한 부자나 지식인[1]들이 많았는데, 그들이 높은 자리에 앉아 독일 민족의 이익을 빼앗고 있다고 생각했거든. 히틀러는 유대인을 모두 죽이거나 쫓아내려 했어.

"독일 사람들이 살기 어려운 이유는 모두 유대인 때문이다! 유대인을 모조리 잡아 죽여라!"

히틀러와 나치당은 유럽의 유대인 수백만 명을 붙잡아 무자비하게 학살[2]했어. 이 사건을 홀로코스트라고 해.

안네의 가족은 독일에서 살다가 홀로코스트를 피해 이웃나라 네덜란드로 이사를 왔어. 그런데 제2차 세계 대전이 시작되자 독일은 네덜란드도 점령하고 말았지. 이제 네덜란드의 유대인들도 탄압[3]을 받기 시작했어.

안네는 일기장에 자기가 겪은 일을 적어 내려갔어.

'키티, 우리는 어딜 가나 가슴에 노란 별을 달고 다녀야 해. 노란 별은 우리가 유대인이라는 의미이지. 자동차를 탈 수도 없고, 극장도, 수영장도 갈 수 없어. 불편한 게 이만저만이 아냐.'

---

[1] 지식인(知알 지, 識알 식, 人사람 인) 일정한 수준의 지식과 교양을 갖춘 사람. [2] 학살(虐사나울 학, 殺죽일 살) 무자비하게 마구 죽임. [3] 탄압(彈탄알 탄, 壓누를 압) 권력이나 힘으로 억지로 눌러 꼼짝 못하게 함.

키티야, 나는 나치에게 체포될까 봐 무서워……

🏛 역사 사전

홀로코스트

제2차 세계 대전 당시 독일이 유대인을 집단으로 죽인 사건을 말해. 600만 명이나 되는 유대인의 목숨을 빼앗아간 끔찍한 사건이었지.

　몇 달 뒤, 히틀러는 네덜란드에 있는 유대인까지 모조리 수용소로 잡아가겠다고 나섰어. 그러자 안네의 아버지는 회사 건물 2층에 은신처를 만들고 가족들을 모두 숨겼지. 안네의 가족을 포함해 모두 여덟 명의 유대인이 은신처에서 숨죽여 지냈어.

　"아빠, 저 화장실이 너무 가고 싶어요."

　"이렇게 조용한 새벽에 물 내리는 소리가 들리면 안 돼. 미안하지만 아침이 될 때까지 기다리렴. 배고프면 이걸 먹어."

　"여덟 명이서 이 작은 걸 어떻게 나눠 먹나요? 아이고……."

　은신처에서의 생활은 너무나도 답답하고 불편했어. 하지만 안네는 언젠가 자유로운 날이 올 거라 믿으며 버텼지.

　그러던 어느 날, 누군가 은신처의 문을 발칵 열었어.

　"꼼짝 마! 이 더러운 유대인들, 여기 용케 숨어 있었군!"

　누군가 안네의 가족이 숨어 있는 곳을 고발한 거야. 안네를 포함해 은신처에 숨어 있던 유대인들은 모두 붙잡혀 수용소로 끌려갔어.

　안네는 수용소에서 끝내 세상을 떠났어. 하지만 안네가 쓴 일기는 오늘날까지 남아서 독일의 만행을 알리고 있지.

---

❹ 수용소(收거둘 수, 容얼굴 용, 所곳 소) 많은 사람을 집단적으로 한곳에 가두거나 모아 넣는 곳. ❺ 은신처(隱숨을 은, 身몸 신, 處곳 처) 몸을 숨기는 곳. ❻ 고발(告아뢸 고, 發필 발) 감춰져 있던 잘못이나 사실을 드러내어 알림. ❼ 만행(蠻오랑캐 만, 行다닐 행) 야만스러운 행위.

1
중심
내용

이 글을 읽고 다음 문장에 들어갈 알맞은 말을 골라 ○표 해 보세요.

(독일이 / 네덜란드가) 유럽의 유대인 수백만 명을 무자비하게 죽였다.

2
인물
이해

이 글의 안네에 대한 설명으로 알맞지 <u>않은</u> 것을 골라 보세요. (　　　)

① 유대인 소녀였다.

② 자신의 일기장에 '키티'라는 이름을 붙였다.

③ 독일의 유대인 학살을 피해 은신처에 몸을 숨겼다.

④ 독일이 물러날 때까지 살아남아 일기를 세상에 공개했다.

3
내용
적용

이 글의 안네와 인터뷰를 했어요. 빈칸에 들어갈 말로 알맞은 것을 골라 보세요. (　　　)

기자: 독일 사람들은 왜 유대인을 탄압했나요?

안네: _____

① 유대인이 독일 사람들을 무시했기 때문이에요.

② 유대인이 독일 사람들을 수용소에 끌고 갔기 때문이에요.

③ 내가 쓴 일기 때문에 독일의 만행이 전 세계에 알려졌기 때문이에요.

④ 유대인이 독일 사람들의 이익을 빼앗고 있다고 생각했기 때문이에요.

4
자료
해석

이 글을 읽고 빈칸에 들어갈 말로 알맞지 <u>않은</u> 것을 골라 보세요. (　　　)

용선생: 이 사진은 제2차 세계 대전 당시 유대인들이 끌려갔던 수용소야. 과거 유대인들이 고통 받고 학살당했던 흔적이 남아 있지. 유대인은 _____

① 히틀러 때문에 수용소로 끌려갔어.

② 유럽 사람들의 뿌리가 되는 민족이야.

③ 유럽 사람들과 다른 종교를 믿었고, 문화도 달랐어.

④ 탄압 받던 당시 가슴에 노란 별을 달고 다녀야 했어.

5 빈칸을 채우며 이 글의 내용을 정리해 보세요.

핵심
정리

독일은 ① [　　　][　　][　　][　　] 를 일으켜 ② [　　][　　][　　]

수백만 명을 학살했다. 소녀 안네는 일기장에 자신이 겪은 일을 기록했다.

⬇

안네의 가족은 독일의 탄압을 피해 은신처에 숨었지만, 끝끝내 붙잡혀 수용소로 끌려갔다.

⬇

안네는 수용소에서 죽음을 맞이했지만,

안네가 쓴 일기가 오늘날까지 남아 독일의 만행을 알리고 있다.

어휘 학습

6 낱말의 알맞은 뜻을 찾아 선으로 이어 보세요.

어휘
복습

(1)　　학살　•

(2)　　수용소　•

(3)　　은신처　•

• ①　몸을 숨기는 곳.

• ②　무자비하게 마구 죽임.

• ③　많은 사람을 집단적으로 한곳에 가두거나 모아 넣는 곳.

7 밑줄 친 낱말의 뜻이 보기 와 같은 것을 골라 보세요. (　　　)

어휘
적용

보기　　　　　　　　　감춰져 있던 잘못이나 사실을 드러내어 알림.

① 범죄자가 저지른 만행이 온 세상에 드러났다.

② 우리나라 독립운동가들은 일제의 탄압에 맞서 싸웠다.

③ 지식인들은 새로운 문물을 배우기 위해 유학을 떠났다.

④ 환경 운동가가 전 세계에 환경 문제의 심각성을 고발하였다.

19 일본, 태평양 전쟁을 일으키다

태평양 한가운데서 미국과 일본 간의 전쟁이 일어났어! 미국과 일본은 왜 전쟁을 치르게 된 걸까?

| **교과서 핵심어** | ★ 진주만 ★ 태평양 전쟁 ★ 원자 폭탄 |

"자, 출동이다! 우리의 목표는 진주만이다."

1941년 12월 7일 새벽, 일본의 항공모함❶에서 폭격기❷들이 차례차례 떠오르기 시작했어. 폭격기들은 하와이에 있는 진주만으로 향했지.

진주만에는 미국의 해군 기지❸가 있었어. 태평양을 주름잡는 미국의 전함❹들이 모두 모여 있었지. 일본은 진주만을 폭격해 미국 전함들을 단숨에 가라앉힐 생각이었어. 전함을 잃은 미국 해군이 주춤하면, 그 사이 일본이 태평양을 손에 넣으려고 한 거야.

"미국이 눈치 채기 전에 진주만에 도착해야 해."

일본 폭격기들은 어두운 밤하늘을 빠르게 날았어. 진주만에 도착하자, 어느덧 아침을 맞이한 하늘은 밝게 빛나고 있었지. 폭격기 조종사들은 재빠르게 주변을 살폈어.

"작전 성공입니다! 적들은 아무것도 모르고 있습니다."

전함이 아주 박살 났군. 작전 성공이야!

으아악, 큰일이다!

마침 이 날은 일요일 아침이었지. 느긋하게 일어나 아침밥을 먹던 미국 군인들은 먼 하늘의 일본 폭격기를 보고 고개를 갸웃했어.

"저기 무슨 비행기가 날아오는 거지? 오늘 무슨 훈련이 있었던가?"

"글쎄? 근데 너무 낮게 날아오는 것 같지 않아?"

그 순간, 일본 폭격기들이 폭격을

---

❶ 항공모함(航배 항, 空빌 공, 母어머니 모, 艦싸움배 함) 비행기를 싣고 다니면서 뜨고 내리게 할 수 있는 설비를 갖춘 커다란 군함. ❷ 폭격기(爆터질 폭, 擊부딪칠 격, 機틀 기) 폭격하는 데 쓰는 군용 비행기. ❸ 기지(基터 기, 地땅 지) 군대, 탐험대 등이 머물면서 활동할 수 있게 필요한 시설을 갖춘 장소.

시작했어.

"슈웅~! 쾅! 쾅!"

"으악, 큰일이다! 일본군의 기습이 시작됐다!"

폭격기들은 해군 기지 곳곳에 폭탄을 떨어뜨렸어. 잠깐 사이 전함 여러 척이 폭탄에 맞아 침몰했고, 곳곳에서는 불길이 치솟았지. 수많은 군인이 목숨을 잃었어. 미국 해군은 엄청난 피해를 입었지.

일본 폭격기들은 신이 나서 항공모함으로 돌아갔어.

"작전 성공이다! 이제 미국 해군은 박살이 났어. 태평양은 우리 차지다!"

진주만 공습❺은 대성공으로 끝났어. 일본은 곧장 해군을 풀어서 태평양과 동남아시아를 장악했지. 일본의 이런 행동에 미국 사람들은 몹시 화가 났어.

"감히 우리 미국을 건드려? 아주 매운 맛을 보여줘야겠군!"

미국 대통령은 이 날을 절대 잊지 않겠다고 선언했어. 그리고 일본의 침략에 맞서서 전쟁을 시작했지. 이렇게 시작된 전쟁이 바로 태평양 전쟁이야.

태평양 전쟁은 4년 동안 계속됐어. 처음에는 일본도 미국에 강하게 맞섰지만, 곧 미국의 강력한 힘에 밀려 패배 직전까지 몰렸지. 하지만 일본은 항복하지 않고 죽기 살기로 싸웠어.

그러자 미국이 전쟁을 끝내 버리기 위해 신무기 '원자 폭탄'을 일본에 떨어뜨렸어. 원자 폭탄의 위력은 어마어마했지. 폭탄 한 발에 도시 하나가 사라지고 수십만 명이 죽거나 크게 다칠 정도였어.

"저런 무시무시한 무기가 있다니! 이러다 일본이 송두리째❻ 없어지겠어! 항복이다 항복!"

일본은 그제야 미국에 무릎을 꿇었어. 태평양 전쟁은 이렇게 미국의 승리로 끝났어. 원자 폭탄의 위력을 본 세계 사람들은 모두 공포에 떨었지.

 역사 사전

태평양 전쟁
(1941년 ~ 1945년)

일본이 하와이의 진주만에 있는 미국 해군 기지를 공격하면서 시작된 전쟁이야. 제2차 세계 대전의 일부분이지.

원자 폭탄

원자가 쪼개질 때 발생하는 엄청난 에너지를 이용해 폭발을 일으키는 폭탄이야. 일본의 히로시마와 나가사키에 각각 한 발씩 투하되어 엄청난 피해를 주었지.

 지리 사전

진주만

미국 하와이 제도의 오아후섬에 있는 해안이야. 미국 태평양 함대의 군사 기지가 있어.

---

❹ 전함(戰싸울 전, 艦싸움배 함) 전쟁할 때 쓰이는 큰 배. ❺ 공습(攻칠 공, 襲엄습할 습) 갑자기 공격하여 침. ❻ 송두리째 하나도 빠짐없이 모두.

 **독해 학습**

1 빈칸을 채워 이 글의 중심 내용을 완성해 보세요.

중심
내용

일본이 진주만에 있는 미국 해군 기지를 공습하여 [ ][ ][ ] 전쟁이 일어났다.

2 이 글의 태평양 전쟁에 대한 검색 결과로 알맞지 <u>않은</u> 것을 골라 보세요. (   )

내용
이해

태평양 전쟁 ▼ 🔍

① 미국의 항복으로 끝났다.

② 미국과 일본이 4년간 치른 전쟁이다.

③ 일본이 태평양을 장악하기 위해 벌인 전쟁이다.

④ 미국이 신무기인 원자 폭탄을 일본에 떨어뜨렸다.

3 다음 신문 기사에서 이 글의 내용과 일치하지 <u>않는</u> 것을 골라 보세요. (   )

내용
적용

○○ 신문 ━━━━━━━━━━━━━━━ 1941년 ○○월 ○○일 ━━━

〈속보〉 일본, 진주만을 공격하다!

지난 새벽, 일본이 진주만에 있는 미국 해군 기지에 쳐들어왔다. 일본이 공습에 성공할 수 있었던 건 ① 미국이 눈치채지 못하게 폭격기들이 한밤중에 빠르게 날아갔기 때문이다. ② 미국 군인들은 일본의 공습을 예상하고 대비했지만, ③ 일본의 공습으로 미국은 큰 피해를 입었다. ④ 공습에 성공한 일본은 태평양과 동남아시아 일대를 장악했다.

4 이 글을 읽고 사진에 대해 알맞지 <u>않게</u> 설명한 사람을 골라 보세요. (   )

자료
해석

▲ 원자 폭탄

① 영심: 태평양 전쟁 때 일본이 사용한 신무기야.

② 수재: 원자 폭탄으로 수십만 명의 사람들이 죽거나 다쳤어.

③ 하다: 전 세계 사람들이 원자 폭탄의 위력을 보고 공포에 떨었어.

④ 선애: 도시 하나를 순식간에 사라지게 만들 수 있는 강력한 폭탄이야.

5 빈칸을 채우며 이 글의 내용을 정리해 보세요.

핵심
정리

태평양 전쟁	
전쟁 원인	1941년, 일본이 하와이 ① ☐☐☐ 에 있는 미군 기지를 공격함.
과정	공격에 성공한 일본은 태평양을 손에 넣음. 이에 화가 난 미국은 일본의 침략에 맞서 4년간 전쟁을 치름.
결과	미국이 일본에 ② ☐☐ ☐☐ 을 떨어뜨려 일본의 항복을 받아냄.

어휘 학습

6 낱말의 알맞은 뜻을 찾아 선으로 이어 보세요.

어휘
복습

(1) 기지 •

(2) 공습 •

(3) 항공모함 •

• ① 갑자기 공격하여 침.

• ② 군대, 탐험대 등이 머물면서 활동할 수 있게 필요한 시설을 갖춘 장소.

• ③ 비행기를 싣고 다니면서 뜨고 내리게 할 수 있는 설비를 갖춘 커다란 군함.

7 보기 에서 알맞은 낱말을 찾아 밑줄 친 말을 바꾸어 써 보세요.

어휘
적용

보기   폭격   전함   송두리째

(1) 큰불이 나는 바람에 산이 하나도 빠짐없이 모두 타 버렸다.

➡ 큰불이 나는 바람에 산이 (   ) 타 버렸다.

(2) 전쟁에서 쓰이는 큰 배가 적의 공격을 받아 침몰하고 말았다.

➡ (   )이 적의 공격을 받아 침몰하고 말았다.

20 연합군의 승리로 제2차 세계 대전이 끝나다

독일과 일본을 물리치기 위해 여러 나라가 힘을 합쳤어! 과연 연합군은 전쟁에서 승리할 수 있을까?

| 교과서 핵심어 | ★연합군   ★노르망디 상륙 작전   ★제2차 세계 대전 |

"세계 평화를 지켜야 합니다. 우리, 손을 잡읍시다."

독일과 일본을 물리치기 위해 세계 여러 나라가 힘을 합쳐 연합군을 만들었어. 미국, 영국, 프랑스, 소련, 중국이 연합군으로 힘을 합쳤지. 연합군의 본격적인 공격이 시작되자 독일과 일본은 차츰 밀리기 시작했어.

"이제 독일을 공격해서 결정타를 날립시다."

"어떻게 결정타를 날리자는 말씀이시죠?"

"독일이 점령한 프랑스 해안에 연합군 군대를 상륙시키는 겁니다. 그럼 독일군은 버틸 수가 없을 거요."

연합군은 프랑스의 노르망디 해안에 군대를 상륙시키기로 했어. 미국과 영국뿐 아니라, 세계 여러 나라에서 수많은 병사들이 속속 모여들었지. 이상한 낌새를 눈치챈 독일은 해안에 요새를 만들었어.

"기관총을 배치하고, 참호를 파라! 적들이 상륙하게 두어선 안 된다."

마침내 1944년 6월 6일 새벽, 노르망디 앞바다에 수많은 보트가 나타났어. 보트는 파도를 뚫고 해안을 향해 맹렬하게 달려갔지. 노르망디 상륙 작전이 시작된 거야.

"가자! 오늘 우리가 승리하면, 이제 전쟁은 끝난다. 모두 돌격!"

"다다다다다-!"

보트가 해안에 닿자, 독일군의 기관총이 쉴 새 없이 불을 뿜었어. 수많은 병사가 바닷가에서 쓰러졌지. 하지만 더욱 많은 병사들이 적을 향해 달려갔어. 하늘에서는 낙하산을 탄 연합군 병사들이 쏟아져 내렸지.

"독일군의 기관총이 멈췄습니다. 우리가 이겼어요!"

---

❶ 연합군(聯잇달을 연, 合합할 합, 軍군사 군) 전쟁에서 둘 이상의 국가가 연합하여 구성한 군대. ❷ 결정타(決결정할 결, 定정할 정, 打칠 타) 일의 결과에 결정적인 영향을 미치는 행동이나 사건. ❸ 해안(海바다 해, 岸언덕 안) 바다와 육지가 맞닿은 부분. ❹ 상륙(上위 상, 陸뭍 륙) 배에서 육지로 오름.

"만세! 이제 전쟁도 끝이다!"

온종일 치열한 전투를 벌인 끝에, 연합군은 마침내 노르망디 상륙 작전에 성공했어. 작전에 성공했다는 소식을 들은 소련군은 동쪽에서 독일군을 더욱 거세게 몰아붙였어. 그리고 서쪽에서는 미군과 영국군이 강하게 밀고 올라왔지.

"이제 독일은 독 안에 든 쥐다!" [8]

"히틀러, 항복하는 게 좋을걸!"

독일군은 온 힘을 다해 싸웠어. 하지만 머지않아 독일의 수도 베를린은 연합군에게 포위당했지. 히틀러도 폭격을 피해 지하실에 숨은 신세가 됐어. 하지만 히틀러는 끝까지 연합군에 항복할 마음이 없었어.

'결국엔 이렇게 되었구나…!'

"탕!"

히틀러는 지하실에서 스스로 목숨을 끊었어. 히틀러가 죽자 독일은 연합군에 항복했지. 이렇게 길고 길었던 제2차 세계 대전은 막을 내리게 되었어.

역사 사전

노르망디 상륙 작전
제2차 세계 대전이 끝날 때쯤. 연합군이 펼쳤던 대규모의 상륙 작전이야. 이 작전의 승리로 독일의 패배는 한층 가까워졌지.

❺ 기관총(機틀 기, 關빗장 관, 銃총 총) 총알이 연속으로 발사되는 총. ❻ 맹렬하다(猛사나울 맹, 烈세찰 렬) 기세가 몹시 사납고 세차다. ❼ 낙하산(落떨어질 낙, 下아래 하, 傘우산 산) 하늘에서 사람이나 물건이 천천히 떨어지는 데 쓰이는, 펼친 우산 같은 모양의 장치. ❽ 독 안에 든 쥐 궁지에서 벗어날 수 없는 처지.

독해 학습

1
중심
내용

이 글의 중심 내용으로 알맞은 것에 ○표 해 보세요.

① 물거품이 되어
버린 스탈린의 계획

② 연합군의 승리를 이끈
노르망디 상륙 작전

③ 연합군과의 전투에서
승리한 일본과 독일

2
내용
이해

이 글의 내용과 일치하면 ○표, 일치하지 않으면 X표 해 보세요.

(1) 독일의 수도 베를린이 연합군에 포위당했다.　　　　　　　(　　)

(2) 제2차 세계 대전은 독일의 승리로 끝이 났다.　　　　　　　(　　)

(3) 독일은 노르망디 상륙 작전을 미리 알아채지 못했다.　　　(　　)

3
자료
해석

이 글을 읽고 다음 사진에 대한 설명으로 알맞지 <u>않은</u> 것을 골라 보세요. (　　　)

▲ 노르망디 해안에 도착한 연합군

① 연합군이 독일군에 항복하는 모습이다.

② 당시 노르망디는 독일군이 점령하고 있었다.

③ 세계 여러 나라가 힘을 합쳐 독일을 물리치려 한
작전이다.

④ 노르망디 상륙 작전은 해안에 군대를 대규모로
상륙시키는 작전이었다.

4
지도
읽기

이 글을 읽고 빈칸에 들어갈 지역의 이름을 써 보세요.

용선생: 프랑스에 위치한 이곳은 1944년 6월 6일 새벽,
연합군이 독일을 공격하기 위해 상륙 작전을 펼친 곳이야.

5 빈칸을 채우며 이 글의 내용을 정리해 보세요.

핵심
정리

독일과 일본을 물리치기 위해 여러 나라가 힘을 합쳐 ① ☐☐☐ 을 만들었다.

⬇

이들은 프랑스 해안에 상륙하는 노르망디 상륙 작전을 펼쳤다.

⬇

치열한 전투 끝에 히틀러가 죽고 독일이 항복했다.

이로써 오랜 시간 이어졌던 제2차 ② ☐☐ ☐☐ 이 끝이 났다.

어휘 학습

6 낱말의 알맞은 뜻을 찾아 선으로 이어 보세요.

어휘
복습

(1) 상륙 •

(2) 해안 •

(3) 연합군 •

● ① 배에서 육지로 오름.

● ② 바다와 육지가 맞닿은 부분.

● ③ 전쟁에서 둘 이상의 국가가 연합하여 구성한 군대.

7 빈칸에 들어갈 알맞은 낱말을 보기 에서 찾아 문장을 완성해 보세요.

어휘
적용

보기   결정타   기관총   낙하산   독 안에 든 쥐

(1) 군인들은 _____을 메고 뛰어내리는 훈련을 받았다.

ㄴ 하늘에서 사람이나 물건이 천천히 떨어지는 데 쓰이는, 펼친 우산 같은 모양의 장치.

(2) 막다른 골목에서도 경찰들이 몰려오자 범인은 _____가 되었다.

ㄴ 궁지에서 벗어날 수 없는 처지.

(3) 공무원들의 심각한 부정부패야말로 나라가 몰락하는 _____가 되었다.

일의 결과에 결정적인 영향을 미치는 행동이나 사건. ㄴ

역사 놀이터

▶ 정답 17쪽

핵심어로 비밀 숫자 찾기!

🔍 각각의 빈칸에 들어갈 핵심어를 아래 글자판에서 찾아 색칠하고, 숨겨진 비밀 숫자를 써 보세요.

❶ 소련의 지도자 ○○○은 독일의 공격에 맞서 결사적으로 싸웠어.

❷ ○○○는 투표를 통해 독일의 권력자가 된 후, 이웃 나라를 공격하며 세계 대전을 일으켰어.

❸ 일본은 ○○○에 있는 미국 해군 기지를 기습해 전쟁을 일으켰어.

❹ 독일은 유럽의 유대인을 모두 죽이려 했어. 이 사건을 ○○○○○라고 해.

❺ 독일, 일본에 맞서 미국과 소련, 영국 등 세계 여러 나라는 힘을 합쳐 ○○○을 만들었어.

❻ ○○○○ 상륙 작전이 성공으로 끝난 후 독일은 점차 궁지에 몰렸어.

❼ 유대인 소녀 ○○는 탄압을 피해 숨어 살며 일기를 남겼어.

스	부	노	히	틀	러
탈	르	르	크	핵	홀
린	괴	망	벨	트	로
진	주	디	안	네	코
주	디	즈	링	폭	스
만	루	연	합	군	트

▶ 비밀 숫자는 바로 _____!

5주

세계 최초로 달에 간 사람은 과연 누굴까?
함께 달나라 여행을 떠나보자!

1960년
4·19 혁명

1988년
서울 올림픽

1945년
베트남 독립 선언

1955년
로자 파크스 체포

1958년
마오쩌둥,
대약진 운동 시작

1969년
아폴로 11호 발사

1982년
포클랜드 전쟁

회차	학습 내용	교과서 핵심어	교과 연계	학습 계획일
21	베트남의 영원한 사랑, **호찌민**	★ 호찌민 ★ 베트남 ★ 독립 ★ 프랑스	【중학 역사 I】 5. 세계 대전과 사회 변동 ① 세계 대전과 국제 질서의 변화	월 일
22	**로자 파크스,** 인종 차별에 저항하다	★ 로자 파크스 ★ 인종 차별 ★ 흑인 인권 운동	【중학 역사 I】 6. 현대 세계의 전개와 과제 ③ 탈권위주의 운동과 대중문화 발달	월 일
23	**마오쩌둥,** 참새를 잡다가 재앙을 부르다	★ 마오쩌둥 ★ 중국 ★ 대약진 운동	【중학 역사 I】 6. 현대 세계의 전개와 과제 ① 냉전 체제와 제3 세계의 형성	월 일
24	**닐 암스트롱,** 인류 최초로 달에 가다	★ 닐 암스트롱 ★ 미국 ★ 아폴로 11호	【중학 역사 I】 6. 현대 세계의 전개와 과제 ① 냉전 체제와 제3 세계의 형성	월 일
25	**대처,** 영국의 자존심을 지켜내다	★ 대처 ★ 영국 ★ 포클랜드 전쟁	【중학 역사 I】 6. 현대 세계의 전개와 과제 ② 세계화와 경제 통합	월 일
역사 놀이터	**핵심어로 보물 상자 찾기!**			

21 베트남의 영원한 사랑, 호찌민

> 호찌민은 베트남 국민을 지극히 생각했구나! 호찌민은 어떤 사람이었을까?

호찌민
(1890년 ~ 1969년)

베트남의 독립운동가이자 지도자야. 1945년, 프랑스의 지배에서 벗어나 베트남 민주 공화국을 세웠지.

| 교과서 핵심어 | ★호찌민 ★베트남 ★독립 ★프랑스 |

"베트남을 독립시켜야 합니다. 프랑스는 물러나라!"

베트남은 1884년부터 프랑스의 식민 지배를 받았어. 베트남 사람들은 독립을 위해 프랑스와 오랫동안 맞서 싸웠지. 이때 베트남의 독립을 앞장서서 이끈 사람이 있었어. 바로 호찌민이었지. 호찌민의 끈질긴 노력 끝에 베트남은 프랑스로부터 독립할 수 있었어.

"독립 영웅 호찌민을 베트남의 지도자로 맞이합시다!"

구국❶의 영웅으로 떠오른 호찌민은 베트남의 지도자가 되었어. 하지만 호찌민은 지도자가 된 후에도 겸손한 태도를 잊지 않았지. 여전히 소박한❷ 생활을 유지하며 베트남 사람들을 위해 헌신했어.

"호 아저씨!"

"허허! 녀석들. 호 아저씨 여기 있다!"

동네 아이들은 호찌민을 '호 아저씨'라 부르며 찾아오곤 했어. 호찌민은 늘 환한 얼굴로 아이들을 반겼지. 품에 안긴 아이가 수염을 만졌지만, 호찌민은 그저 너털웃음❸을 지었어. 아이들은 그런 호찌민을 좋아하고 따랐지.

호찌민은 어찌나 소박한 사람이었는지 한 나라의 지도자임에도 불구하고 작고 허름한 집을 지어 생활했고, 항상 낡은 옷을 입었어. 신발도 바닥이 다 닳은 고무신을 신고

허허, 요 녀석들!

호 아저씨 최고!

---

❶ 구국(救구원할 구, 國나라 국) 위태로운 나라를 구함. ❷ 소박하다(素흴 소, 朴순박할 박) 꾸밈이나 거짓이 없고 수수하다. ❸ 너털웃음 크게 소리를 내어 시원하고 당당하게 웃는 웃음. ❹ 남녀노소(男사내 남, 女계집 녀, 老늙을 로, 少적을 소) 모든 사람을 이르는 말.

다녔지. 게다가 틈만 나면 농민들을 도와 곡식 주머니를 옮겼어.

"호찌민 님은 정말 대단해. 어쩜 한 나라의 지도자가 동네 아저씨만큼 친근한지!"

베트남 사람들은 남녀노소 누구나 호찌민을 좋아하고 따랐어.

어느 날, 호찌민은 밥을 먹으려 밥상 앞에 앉았어. 밥상은 산해진미로 가득했지. 그때 음식을 앞에 둔 호찌민의 얼굴색이 어두워졌어. 그러고는 부하에게 이렇게 말했지.

"앞으로 반찬을 세 가지 이상 올리지 마라. 사람들이 굶주리고 있는데 어찌 나만 잘 먹을 수 있겠는가."

호찌민은 밥상에 앉아서도 베트남 사람들을 지극하게 생각했던 거야.

일흔다섯 살이 되었을 때, 호찌민은 병으로 건강이 많이 나빠졌어. 호찌민은 펜 한 자루와 종이 한 장을 들고 차분히 책상 앞에 앉아 유언장을 썼지.

> 내가 죽으면 웅장한 장례식으로
> 사람들의 돈과 시간을 낭비하지 마시오.
> 내 시신은 화장시키고, 무덤에는 비석도 동상도 세우지 마시오.
> 다만 나를 만나러 온 사람들이 뙤약볕에 고생하지 않게
> 작은 집을 하나 지어 그늘에서 쉬어 갈 수 있게 해주시오.

호찌민은 죽음 앞에서도 자신보다 베트남 사람들을 먼저 생각했어. 호찌민이 숨을 거두자, 베트남 사람들은 호찌민의 죽음을 진심으로 슬퍼했지.

"호 아저씨, 당신을 절대 잊지 않을게요……."

호찌민이 죽은 후에도 베트남 사람들은 호찌민을 잊지 않았어. 지금도 호찌민의 무덤은 항상 많은 참배객으로 붐비지.

지리 사전

베트남
동남아시아에 있는 나라야. 한때 프랑스의 식민지였고, 미국과 베트남 전쟁을 벌여 승리를 거두기도 했지.

⑤ 산해진미(山메 산, 海바다 해, 珍보배 진, 味맛 미) 산과 바다에서 나는 온갖 재료로 만든 맛있는 음식. ⑥ 유언장(遺남길 유, 言말씀 언, 狀문서 장) 죽음에 이르러 남기는 말을 적은 글. ⑦ 화장(火불 화, 葬장사지낼 장) 장례를 치르는 한 방식으로, 시체를 불에 태워서 재로 만듦. ⑧ 참배객(參참여할 참, 拜절 배, 客손님 객) 무덤이나 기념비 앞에서 추모하는 사람.

1 이 글을 읽고 다음 문장에 들어갈 알맞은 말을 골라 ○표 해 보세요.

중심
내용

> (베트남 / 프랑스)의 지도자였던 호찌민은 베트남 (독립 / 지배) 운동에 앞장서며 베트남 사람들을 위해 헌신했다.

2 이 글의 호찌민에 대한 설명으로 알맞지 <u>않은</u> 것을 골라 보세요. (   )

인물
이해

① 베트남의 지도자였다.

② '호 아저씨'라고 불렸다.

③ 아이들은 호찌민을 무서워했다.

④ 베트남의 독립을 이끄는 데 앞장섰다.

3 이 글을 영화로 만들었어요. 영화에 들어갈 장면으로 알맞지 않은 것을 골라 보세요.

내용
적용

(   )

| ① 베트남 독립을 위해 힘쓰는 호찌민 | ② 농민들을 도와 곡식을 나르는 호찌민 | ③ 허름한 옷과 신발을 신고 생활하는 호찌민 | ④ 고기반찬이 없으면 밥을 안 먹는 호찌민 |

4 호찌민의 유언장을 보고 대화를 나누었어요. 이 글의 내용과 일치하지 <u>않는</u> 것을 골라 보세요.

자료
해석

(   )

유언장

내가 죽으면 웅장한 장례식으로 사람들의 돈과 시간을 낭비하지 마시오. 다만 내 무덤을 찾아온 사람들이 뙤약볕에 고생하지 않게 작은 집을 하나 지어 그늘에서 쉬어갈 수 있게 해주시오.

① 하다: 유언장을 본 베트남 사람들은 호찌민의 죽음을 슬퍼했을 거야.

② 영심: 유언장을 보니, 호찌민의 무덤에는 아무도 찾아오지 않았을 거야.

③ 수재: 웅장한 장례식을 싫어한 것을 보니, 호찌민은 소박한 삶을 살았을 거야.

④ 선애: 사람들이 쉬어갈 수 있는 집을 만들라는 데서 베트남 사람들을 지극히 생각했던 호찌민의 마음이 느껴져.

5 빈칸을 채우며 이 글의 내용을 정리해 보세요.

핵심
정리

인물 카드(앞면)   인물 카드(뒷면)

이름:

① ☐☐☐

• 별명: 호 아저씨
• 한 일: 독립운동에 앞장서서 프랑스로부터 독립을 얻어냄.

그 후 ② ☐☐☐ 의 지도

자로서 존경과 사랑을 받음.

어휘 학습

6 낱말의 알맞은 뜻을 찾아 선으로 이어 보세요.

어휘
복습

(1) 구국 •   • ① 위태로운 나라를 구함.

(2) 참배객 •   • ② 꾸밈이나 거짓이 없고 수수하다.

(3) 소박하다 •   • ③ 무덤이나 기념비 앞에서 추모하는 사람.

7 밑줄 친 낱말이 잘못 쓰인 문장을 골라 보세요. (   )

어휘
적용

① 남자 화장실은 <u>남녀노소</u> 이용이 가능합니다.
② 우리 가족은 할머니의 유언에 따라 <u>화장</u>을 결정했다.
③ 나는 친구들과 함께 여행을 다니며 온갖 <u>산해진미</u>를 맛보았다.
④ 삼촌은 우스꽝스러운 옷을 입은 나를 보더니 <u>너털웃음</u>을 터뜨렸다.

22

로자 파크스, 인종 차별에 저항하다

로자 파크스는 인종 차별에 맞선 용감한 사람이었어. 흑인 여성 로자 파크스는 어떤 일을 겪었을까?

 인물 사전

로자 파크스
(1913년 ~ 2005년)
미국의 인권운동가야. 1955년 인종 분리법에 반대하는 운동을 시작해 흑인 인권을 높이는 데 큰 공을 세웠어.

| **교과서 핵심어** | ★로자 파크스 | ★인종 차별 | ★흑인 인권 운동 |

미국에서는 노예[1] 제도가 사라진 후 수십 년이 지나도 흑인 차별이 여전히 심각했어. 흑인과 백인은 같은 학교를 다닐 수도 없었고, 화장실이나 물을 먹는 식수대도 따로 분리[3]되어 있었어. 1950년대까지만 해도 미국 남부에서는 이렇게 인종[4] 차별[2]이 일상적이었지.

1955년 어느 겨울날이었어. 미국의 한 백화점에서 재봉사[5]로 일하던 로자 파크스는 평소처럼 거리로 나와 버스에 올랐지.

'휴, 오늘도 고단한 하루였어.'

로자 파크스는 지친 몸을 이끌고 흑인 자리에 앉았어. 당시 미국의 버스에는 백인이 앉는 좌석과 흑인이 앉는 좌석이 분리돼 있었어. 게다가 흑인들은 흑인 좌석에 앉았다가도 백인이 와서 비키라고 하면 언제든 비켜야 했지.

정류장에 도착한 버스가 멈추고 사람들이 올라타기 시작했어. 퇴근길 버스는 금세 사람들로 가득 찼지. 그런데 그때, 자리에 앉아 있는 로자 파크스를 본 버스 운전사가 씩씩거리며 소리를 질렀어.

"이봐요, 거기 당신! 백인에게 자리를 안 비켜주고 뭘 하는 거요!"

자리가 없으니 서 있는 백인들에게 자리를 양보하란 뜻이었어. 로자 파크스는 기가 막혔어.

"이곳은 흑인 좌석인데, 내가 왜 자리를 내주어야 하죠?"

"뭐, 뭐요? 흑인이 백인에게 자리를 양보하는 것은 당연한 게 아니오? 지금 당장 자리를 내주지 않으면 경찰을 부를 거요!"

"허! 네, 마음대로 하세요!"

화가 난 버스 운전사는 로자 파크스를 경찰에 신고했어. 로자 파크스는 곧장

---

❶ 노예(奴종 노, 隸종 예) 남의 소유물이 되어 부림을 당하는 사람. ❷ 차별(差어그러질 차, 別다를 별) 둘 이상을 차이를 두어 구별함. ❸ 분리(分나눌 분, 離떠날 리) 서로 나뉘어 떨어짐. ❹ 인종(人사람 인, 種씨 종) 피부색이나 신체적 특징과 지역에 따라 나눈 사람의 종류. ❺ 재봉사(裁마를 재, 縫꿰맬 봉, 師스승 사) 옷을 짓는 일을 전문으로 하는 사람.

인종 차별

사람을 여러 인종으로 나누고, 특정한 인종에게 불이익을 주거나 차별하는 태도를 말해.

인종 분리법

1900년대 중반 미국 남부 지역에 있었던 법이야. 버스 안에서 인종을 구분하여 앉도록 하는 등 일상생활 곳곳에서 백인과 흑인을 차별하는 내용을 담고 있었지.

체포되었고, 인종 분리법을 어겼다는 이유로 유죄[6] 판결을 받았지. 흑인들은 로자 파크스의 이야기에 몹시 분노했어.

"흑인이라는 이유로 언제까지 이렇게 차별받을 수는 없어요!"

"흑인을 차별하는 버스를 타지 맙시다!"

흑인들은 한마음 한뜻으로 버스를 타지 않고 걸어 다니거나 택시를 탔어. 300일 넘게 수많은 흑인이 버스를 타지 않자, 버스 회사는 더이상 버틸 수가 없었지. 당시 버스를 타던 승객이 대부분 흑인이었거든.

"아무래도 흑인들이 화가 많이 난 것 같습니다."

"그래요. 우리 흑인들의 이야기를 들어주는 게 어떨까요?"

결국 1956년, 버스 내의 인종 분리법[7]은 폐지되었어. 로자 파크스의 용기 있는 행동이 불합리한[8] 인종 차별을 사라지게 한 거야. 로자 파크스는 흑인 인권[9] 운동에 불씨를 댕긴 사람으로 널리 알려졌지.

---

[6] 유죄(有있을 유, 罪허물 죄) 잘못이나 죄가 있음. [7] 폐지(廢폐할 폐, 止그칠 지) 실시하여 오던 제도나 법, 일을 그만두거나 없앰. [8] 불합리(不아닐 불, 合합할 합, 理다스릴 리) 이론이나 이치가 맞지 않음. [9] 인권(人사람 인, 權권세 권) 인간으로서 당연히 가지는 기본적인 권리.

1

중심
내용

이 글을 읽고 다음 문장에 들어갈 알맞은 말을 골라 O표 해 보세요.

(흑인 / 백인) 여성 로자 파크스는 백인에게 자리를 양보하라는 버스 운전사의 명령을 (동의 / 거부)했다.

2

인물
이해

이 글의 로자 파크스에 대한 검색 결과로 알맞지 <u>않은</u> 것을 골라 보세요. (   )

| 로자 파크스 ▼ | 🔍 |

① 인종 분리법을 만들었다.

② 미국의 백화점에서 재봉사로 일했다.

③ 흑인 인권을 지키기 위해 인종 차별에 저항했다.

④ 흑인 인권 운동이 활발하게 일어나는 데 큰 역할을 했다.

3

내용
이해

이 글의 내용과 일치하면 O표, 일치하지 않으면 X표 해 보세요.

(1) 백인들은 피부색이 다르다는 이유로 차별 받았다.   (   )

(2) 버스 승차 거부 운동 이후 버스 내의 인종 분리법이 사라졌다.   (   )

(3) 미국에서는 노예 제도가 폐지된 이후에도 여전히 인종 차별이 심각했다.   (   )

(4) 당시 미국의 버스는 백인이 앉는 좌석과 흑인이 앉는 좌석이 분리되어 있었다.   (   )

4

내용
적용

다음 신문 기사에서 이 글의 내용과 일치하지 <u>않는</u> 것을 골라 보세요. (   )

◯◯ 신문 ━━━━━━━━━━━━━━━ ◯◯년 ◯◯월 ◯◯일 ━

〈속보〉 로자 파크스, 인종 분리법을 어겨 유죄를 받다!

며칠 전 ① 로자 파크스에게 내려진 유죄 판결에 대해 많은 흑인이 분노했다. 로자 파크스는 ② 백인에게 자리를 양보하지 않아 체포되었다. 이후 지금까지 ③ 흑인들은 버스 승차를 거부하고 있다. 결국 버스 회사는 ④ 앞으로 인종 분리법에 따라 백인만 버스에 태울 것이라고 했다.

5 빈칸을 채우며 이 글의 내용을 정리해 보세요.

핵심
정리

1950년대 미국은 인종 ① ☐☐ 이 심각했다. 미국의 버스는 인종 분리법에 따

라 백인이 앉는 좌석과 흑인이 앉는 좌석이 분리되어 있었다. 흑인 여성 ② ☐☐

☐☐☐ 는 백인에게 자리를 양보하지 않았다는 이유로 유죄 판결을 받았

다. 화가 난 흑인들은 버스 승차 거부 운동을 벌였다. 이후 인종 분리법은 폐지되었다.

어휘 학습

6 낱말의 알맞은 뜻을 찾아 선으로 이어 보세요.

어휘
복습

(1) 차별 •

(2) 분리 •

(3) 인권 •

• ① 서로 나뉘어 떨어짐.

• ② 둘 이상을 차이를 두어 구별함.

• ③ 인간으로서 당연히 가지는 기본적인 권리.

7 빈칸에 들어갈 알맞은 낱말을 보기 에서 찾아 문장을 완성해 보세요.

어휘
적용

보기   노예   재봉사   인종   유죄   폐지   불합리

(1) 판사는 범죄자에게 _____를 선고했다.
    ┗ 잘못이나 죄가 있음.

(2) 국회의원은 _____한 제도를 개선해야 한다고 주장했다.
    ┗ 이론이나 이치가 맞지 않음.

(3) 전 세계에는 다양한 _____의 사람들이 어울려 살아간다.
    ┗ 피부색이나 신체적 특징과 지역에 따라 나눈 사람의 종류.

23 마오쩌둥, 참새를 잡다가 재앙을 부르다

마오쩌둥이 농촌에 있는 참새를 모조리 잡아들이라고 명령했어. 무슨 일일까?

마오쩌둥
(1893년 ~ 1976년)
중국 공산당의 지도자야. 오늘날 중국을 세우는 데 가장 큰 공을 세웠고, 중국을 30년 가까이 다스렸어.

| 교과서 핵심어 | ★마오쩌둥　★중국　★대약진 운동 |

마오쩌둥은 1949년, 오늘날 중국을 세운 인물이야. 그는 많은 중국인의 존경을 받으며 30년 가까이 중국의 지도자 역할을 했지.

그런데 마오쩌둥이 중국을 다스릴 때만 해도 중국은 너무나 가난한 나라였어. 농촌에는 매일 열심히 일해도 먹고살기 어려운 사람들이 많았지.

'우리 중국이 어쩌다 이렇게 됐는가! 어떻게든 경제를 살려야겠다.'

마오쩌둥은 중국의 경제 발전을 위해 대약진 운동을 시작했어. 농촌을 살리는 것도 대약진 운동의 중요한 목표 중 하나였지. 마오쩌둥은 농촌을 살릴 방법을 곰곰이 고민했어. 직접 농부들을 만나기도 하고, 주변 사람들의 의견도 들었지. 그런 마오쩌둥의 귀에 솔깃하게 들리는 말이 있었어.

"한 해 농사를 다 지어 놓으면, 참새들이 날아와서 곡식 낟알을 다 쪼아 먹습니다."

참새는 해로운 새다. 모두 잡아들여라!

"맞습니다. 참새만 없어도 훨씬[1] 수확할 게 많을 텐데……."

어느 날, 한적한[2] 논길을 걷던 마오쩌둥은 멀리 보이는 참새를 가리키며 말했어.

"참새는 해로운 새다. 지금부터 농사에 방해가 되는 참새를 보이는 대로 잡아 없애도록 해라."

마오쩌둥은 대약진 운동의 한 부분으로 참새 소탕[3] 작전을 벌이기로 한 거야. 농민들의 식량을 빼앗아가는 참새가 사

❶ 수확(收거둘 수, 穫벼벨 확) 가꾼 농작물을 거두어들임. ❷ 한적하다(閑한가할 한, 寂고요할 적) 한가하고 고요하다. ❸ 소탕(掃쓸 소, 蕩털어 없앨 탕) 휩쓸어 죄다 없애 버림. ❹ 풍년(豐풍년 풍, 年해 년) 곡식이 잘 자라서 평소보다 수확이 많은 해. 반대말은 '흉년'.

🏛 역사 사전

대약진 운동
1958년부터 중국에서 마오쩌둥이 이끌었던 경제 성장 운동이야. 하지만 계획대로 되지 않아 대실패를 겪었지. '대약진'은 매우 힘차게 앞으로 뛰어 나간다는 뜻이야.

라지면 곡식을 더 수확해서 농민들이 배부르게 먹을 수 있을 거라 생각했거든.

"알겠습니다. 마오쩌둥 님의 명령이다! 당장 참새를 모두 잡아들여라!"

마오쩌둥의 명령에 따라 중국 사람들은 일제히 참새 잡기에 나섰어. 마을마다 새총과 긴 작대기를 든 사람들이 돌아다니며 참새를 보이는 대로 떨어뜨렸지. 참새를 많이 잡아 온 사람에게는 상도 주었어. 1년 동안 이렇게 참새 잡기가 계속되자, 중국에서는 참새가 완전히 사라졌지.

"지긋지긋한 참새가 사라졌구나! 이젠 풍년❹이 들겠지?"

사람들은 흐뭇하게 들판을 바라봤어. 그런데 곧 뜻밖의 일이 생겼지.

"부아아아아앙-!"

"메뚜기떼다! 메뚜기떼가 나타났다!"

메뚜기를 잡아먹는 참새가 사라지자, 메뚜기떼가 기승❺을 부리기 시작한 거야. 메뚜기떼가 지나간 들판은 쑥대밭이 되어 곡식도 남김없이 사라졌지. 그뿐만 아니라 모기와 파리 떼도 들끓었어. 메뚜기, 모기와 파리는 모두 참새가 잡아먹던 해충❻이었거든.

"아이고, 참새가 사라지면 풍년이 올 줄 알았는데……"

이듬해❼ 중국에는 어마어마한 흉년이 들었어. 중국 농촌에서는 사람들이 수없이 많이 굶어 죽었지. 인간이 자연에 어설프게 손을 댄 결과, 큰 재앙❽이 닥쳤던 거야.

ㅇㅇ…
메뚜기가 곡식을
다 먹어 치웠잖아.

---

❺ 기승(氣기운 기. 勝이길 승) 기운이나 힘이 세서 좀처럼 약해지지 않음. ❻ 해충(害해로울 해. 蟲벌레 충) 인간의 생활에 피해를 주는 벌레. ❼ 이듬해 어떤 일이 일어난 바로 다음 해. ❽ 재앙(災재앙 재. 殃재앙 앙) 뜻하지 않게 생긴 불행한 사고.

1 이 글을 읽고 알맞은 내용에 선을 그어 중심 문장을 완성해 보세요.

중심
내용

마오쩌둥은 —— ① 도시를 / ② 농촌을 —— 살리기 위해 —— ③ 참새를 잡았다가 / ④ 메뚜기를 잡았다가 —— 오히려 더 큰 피해를 불러왔다.

2 이 글의 마오쩌둥에 대한 설명으로 알맞지 <u>않은</u> 것을 골라 보세요. (　　　)

인물
이해

① 중국 농촌을 배고픔에서 해방시켰다.

② 중국 사람들에게 많은 존경을 받았다.

③ 참새를 잡아 오는 사람에게 상을 주었다.

④ 중국을 30년 가까이 다스렸던 지도자이다.

3 이 글을 읽고 마오쩌둥이 다음과 같이 말한 까닭으로 알맞은 것을 골라 보세요. (　　　)

내용
이해

> 참새를 모두 잡아 없애라.

① 참새가 먹고 사는 해충을 잡기 위해서

② 참새가 중국의 토종 새들을 몰아냈기 때문에

③ 참새가 농사에 방해가 된다고 생각했기 때문에

④ 참새는 중국에서 보기 드문 귀한 새였기 때문에

4 포스터를 보고 대화를 나누었어요. 이 글의 내용과 일치하지 <u>않는</u> 것을 골라 보세요.

자료
해석

(　　　)

▲ 대약진 운동 포스터

① 하다: 참새 소탕 작전도 대약진 운동의 일부였어.

② 수재: 대약진 운동은 중국의 경제를 성장시키기 위해 펼친 운동이었어.

③ 영심: 마오쩌둥은 대약진 운동을 통해 중국의 농촌을 모두 없애 버리려고 했어.

④ 선애: 볏단이 하늘로 날아가는 모습에서 농업을 발전시켜 중국을 강한 나라로 만들겠다는 마오쩌둥의 포부가 느껴져.

▶ 정답과 풀이 13쪽

5

핵심
정리

빈칸을 채우며 이 글의 내용을 정리해 보세요.

중국의 지도자 ① ☐☐☐☐ 은 중국의 경제를 성장시키기 위해

② ☐☐☐ ☐☐ 을 시작했다. 그리고 농촌을 살리기 위해 곡식

을 쪼아 먹는 참새들을 모두 없애라는 명령을 내렸다. 하지만 참새가 사라지자, 참새의 먹이였던 메뚜기와 파리, 모기 같은 해충이 들끓었고, 오히려 흉년이 들어 수많은 농민이 굶주리게 되었다.

어휘 학습

6

어휘
복습

낱말의 알맞은 뜻을 찾아 선으로 이어 보세요.

(1) 수확 •

(2) 소탕 •

(3) 해충 •

• ① 휩쓸어 죄다 없애 버림.

• ② 가꾼 농작물을 거두어들임.

• ③ 인간의 생활에 피해를 주는 벌레.

7

어휘
적용

빈칸에 들어갈 알맞은 낱말을 보기 에서 찾아 문장을 완성해 보세요.

| 보기 | 한적하다 | 풍년 | 기승 | 이듬해 | 재앙 |

(1) _____ 봄이면 예쁜 꽃이 필 것이다.
└, 어떤 일이 일어난 바로 다음 해.

(2) 제사장은 나라에 엄청난 _____이 닥칠 것이라고 예언했다.
└, 뜻하지 않게 생긴 불행한 사고.

(3) 며칠 동안 끊임없이 비가 오더니 _____을 부리던 늦더위가 한풀 꺾였다.
└, 기운이나 힘이 세서 좀처럼 약해지지 않음.

닐 암스트롱, 인류 최초로 달에 가다

인류 최초로 달에 발을 내딛다니, 멋지다! 닐 암스트롱은 왜 달에 간 걸까?

 인물 사전

닐 암스트롱
(1930년 ~ 2012년)
미국의 우주 비행사야. 1969년 아폴로 11호를 타고 인류 최초로 달에 발을 디뎠어.

| 교과서 핵심어 | ★닐 암스트롱 | ★미국 | ★아폴로 11호 |

1969년 7월 16일, 이날은 역사적인 날이야. 미국의 우주선 아폴로 11호가 우주 비행사를 태우고 달을 향해 출발하는 날이었거든. 달에 사람이 가는 건 세계에서 처음 있는 일이었지. 전 세계에서 5억 명 넘는 사람이 TV로 이 장면을 지켜봤어.

미국이 달을 향해 우주선을 보내는 이유는 소련과 경쟁❶을 하고 있었기 때문이야. 제2차 세계 대전 이후 두 나라는 사사건건 부딪히며 자존심 대결을 벌였거든. 그중 가장 치열했던 게 바로 우주 탐험 경쟁이었어. 1961년에는 소련이 최초로 인간이 탄 우주선을 우주에 쏘아 보냈어. 그러자 미국도 이에 질세라 달에 사람을 보내는 계획을 세운 거지.

'아아, 내가 이날을 얼마나 기다렸던가!'

아폴로 11호에 탄 닐 암스트롱은 침을 삼켰어. 벌써 수천 번도 넘게 했던 훈련이었지만, 달에 가는 날이 진짜로 오다니 믿어지지 않았지.

"3…2…1……. 발사!"

"쿠구구구구궁!"

어마어마한 굉음❷과 함께 아폴로 11호 밑바닥에서 거대한 화염❸과 연기가 치솟았어. 아폴로 11호는 하늘로 힘차게 솟구쳐 올랐지. 사람들은 환호성을 질렀어.

우주로 나온 아폴로 11호는 3일 후 달에 도착했어. 비행사들은 작은 착륙선으로 옮겨 타 달의 표면❹으로 내려가기 시작했지. 그런데 잠시 뒤, 착륙선 컴퓨터 화면에 경고 메시지가 떴어.

"본부, 착륙선 컴퓨터에 오류❺가 발생했다. 무슨 일인가?"

"컴퓨터에 너무 많은 정보가 입력되어 생긴 오류다."

❶ 경쟁(競다툴 경, 爭다툴 쟁) 어떤 분야에서 이기거나 앞서려고 서로 겨룸. ❷ 굉음(轟수레 모이는 소리 굉, 音소리 음) 몹시 요란하게 울리는 소리. ❸ 화염(火불 화, 焰불꽃 염) 타는 불에서 일어나는 붉은빛의 기운. ❹ 표면(表겉 표, 面낯면) 겉으로 나타나거나 눈에 띄는 부분.

110 용선생 15분 세계사 독해 4권

비행사들은 당황했지만, 착륙을 계속하기로 했어. 이제 와 지구로 돌아갈 수는 없었기 때문이야. 좁은 착륙선 안에는 긴장이 흘렀어.

"본부, 착륙할 곳에 돌이 너무 많다. 수동으로 조종하겠다."

창밖으로 점점 커지는 달을 바라보던 닐 암스트롱이 말했어. 예측과는 달리 착륙선이 달의 험한 곳에 착륙할 것처럼 보였던 거야. 닐 암스트롱은 자동 조종을 해제하고 직접 착륙선을 조종하는 기계를 잡았어. 그리고 온 신경을 집중했지.

'조금씩, 조금씩……. 천천히 하면 돼…….'

우주에서도, 지구의 관제 센터에서도 모두 숨을 죽이고 이 순간에 집중했어.

"본부, 무사히 착륙했다."

마침내 닐 암스트롱의 목소리가 들렸어.

"암스트롱 만세! 드디어 우리 미국이 해냈다!"

관제 센터의 사람들은 모두들 환호성을 질렀지.

잠시 뒤, 닐 암스트롱은 착륙선의 문을 열고, 사다리를 조심조심 내려와 왼발을 달에 디뎠어. 발을 디디며 닐 암스트롱은 떨리는 목소리로 말했지.

"이 발걸음은, 나 한 사람으로서는 작은 것이지만 인류에게는 거대한 발걸음이 될 것이다."

닐 암스트롱의 말대로, 아폴로 11호의 달 착륙은 인류의 진보를 상징하는 역사적인 사건이 되었어.

---

⑤ 오류(誤그릇할 오. 謬그릇될 류) 잘못이나 실수. ⑥ 수동(手손 수. 動움직일 동) 기계 등의 힘을 사용하지 않고 사람이 직접 손의 힘만으로 움직임. 반대말은 '자동'. ⑦ 예측(豫미리 예. 測잴 측) 미리 헤아려 짐작함. ⑧ 관제(管피리 관. 制억제할 제) 관리하여 통제함. ⑨ 진보(進나아갈 진. 步걸음 보) 정도나 수준이 나아지거나 높아짐.

1 이 글을 읽고 알맞은 내용에 선을 그어 중심 문장을 완성해 보세요.

중심
내용

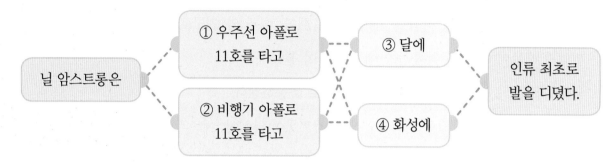

2 이 글의 닐 암스트롱에 대한 설명으로 알맞지 <u>않은</u> 것을 골라 보세요. (   )

인물
이해

① 아폴로 11호에 탑승했다.

② 미국 출신의 우주 비행사이다.

③ 최초로 우주선을 타고 우주로 갔다.

④ 닐 암스트롱의 도전은 전 세계의 관심을 집중시켰다.

3 이 글을 읽고 다음 질문에 대해 알맞게 대답한 사람을 골라 보세요. (   )

내용
이해

> 닐 암스트롱은 왜 달에 갔나요?

① 하다: 달에 사는 생명체가 발견됐기 때문이야.

② 두기: 우주를 비행하다 실수로 달에 착륙한 거야.

③ 영심: 소련이 세계 최초로 달 착륙에 성공했기 때문이야.

④ 선애: 미국과 소련의 우주 탐험 경쟁이 치열했기 때문이야.

4 이 글의 닐 암스트롱과 인터뷰를 했어요. 빈칸에 들어갈 말로 알맞지 <u>않은</u> 것을 골라 보세요.

내용
적용
(   )

> 기자: 달까지 가는 데 어떤 어려움이 있었나요?
>
> 닐 암스트롱: _____

① 지구의 관제 센터와 연결이 되지 않아 당황했어요.

② 예측과 달리 돌이 많아 험한 곳에 착륙할 뻔했어요.

③ 달의 표면으로 내려가는 도중 컴퓨터에 오류가 생겼어요.

④ 착륙선의 자동 조종을 해제하고 수동으로 조종할 수밖에 없었어요.

5 빈칸을 채우며 이 글의 내용을 정리해 보세요.

핵심
정리

	이름	① [ ] [ ] [ ] [ ]
	국적	미국
	직업	우주 비행사
	한 일	인류 최초로 ② [ ]에 발을 디딤.

어휘 학습

6 낱말의 알맞은 뜻을 찾아 선으로 이어 보세요.

어휘
복습

(1) 경쟁 •

(2) 표면 •

(3) 수동 •

• ① 겉으로 나타나거나 눈에 띄는 부분.

• ② 어떤 분야에서 이기거나 앞서려고 서로 겨룸.

• ③ 기계 등의 힘을 사용하지 않고 사람이 직접 손의 힘만으로 움직임.

7 빈칸에 들어갈 알맞은 낱말을 보기에서 찾아 문장을 완성해 보세요.

어휘
적용

보기　　굉음　　화염　　오류　　예측　　관제　　진보

(1) 건물이 무너지며 귀가 찢어질 듯한 _____이 들려왔다.
　　　　　　　　　　　　　　　　 ↳ 몹시 요란하게 울리는 소리.

(2) 지하에서 시작된 불길이 커지며 건물 전체가 _____에 휩싸였다.
　　　　　　　　　　　　　　　　　　　↳ 타는 불에서 일어나는 붉은빛의 기운.

(3) 비행기는 이륙 준비를 마치고 _____ 시설의 신호를 기다리고 있다.
　　　　　　　　　　　　　 ↳ 관리하여 통제함.

| 유럽 |

25

대처, 영국의 자존심을 지켜내다

> 헉, 아르헨티나가 영국 땅을 공격했네? 영국 총리 대처는 어떻게 대처했을까?

마거릿 대처
(1925년 ~ 2013년)

영국 최초의 여성 총리야. 11년 동안 총리로서 영국을 이끌었어.

| 교과서 핵심어 | ★대처 ★영국 ★포클랜드 전쟁 |

영국은 한때 세계에서 가장 강력한 나라였어. 세계 곳곳에 영국이 다스리는 식민지가 있어서 '해가 지지 않는 나라'로 불릴 정도였지. 하지만 제2차 세계 대전 이후 수많은 식민지가 하나둘 독립했고, 경제 사정도 조금씩 어려워졌어. 1976년에는 국제 통화 기금(IMF)에 돈을 빌려야 하는 처지가 되어 버렸지.

그런데 그때, 이 틈을 노리는 나라가 있었어. 바로 아르헨티나였지.

"영국이 차지한 포클랜드 제도를 빼앗아 옵시다."

"그래. 경제도 어려운 영국이 설마 이 머나먼 곳의 식민지 때문에 전쟁을 하겠어? 적당히 협상❶에 나설 거야."

포클랜드 제도는 아르헨티나 바로 앞에 있는 섬이야. 그래서 아르헨티나는 포클랜드가 자기 땅이라고 생각했어. 이 섬은 영국의 식민지였지만, 영국에서 수천 킬로미터나 떨어져 있었지. 아르헨티나는 경제가 어려운 영국이 이 작은 섬 하나를 지키기 위해 전쟁에 나서지는 않을 거라 생각했어.

아르헨티나는 군대를 보내 포클랜드 제도를 냉큼 차지해 버렸지. 포클랜드 전쟁이 일어난 거야. 전 세계 뉴스는 순식간에 포클랜드 침공❷ 소식으로 시끄러워졌어.

아르헨티나, 포클랜드 침공!
과연 영국은 반격에 나설 것인가?

이때 영국의 지도자는 대처였어. 대처는 영국 최초의 여성 총리였지. 여자가 영국의 최고 지도자인 총리 자리에 올랐다는 것은 세계적인 화제였어. 또 대처는 평범한 집안에서 태어나 아버지나 남편의 후광❸ 없이 강대국의 지도자가 된

---

❶ 협상(協화합할 협, 商장사 상) 둘 이상의 나라가 외교 문서를 교환하여 어떤 일에 대하여 약속하는 일. ❷ 침공(侵범할 침, 攻칠 공) 다른 나라를 침범하여 공격함. ❸ 후광(後뒤 후, 光빛 광) 어떤 사물을 더욱 빛나게 하거나 두드러지게 하는 배경. ❹ 주목(注둘 주, 目눈 목) 관심을 가지고 주의 깊게 살핌.

최초의 여성이었어. 그래서 전 세계 사람들은 대처가 어떻게 포클랜드 문제를 해결할지 주목했지.

대처는 당당하게 선언했어.

"우리 영국이 비록 어려워졌다고는 하지만, 식민지를 빼앗길 정도로 무너지지는 않았습니다. 협상은 없습니다. 즉시 군대를 보내서 포클랜드를 되찾겠습니다!"

대처의 단호한 선언에 모든 영국인이 크게 기뻐했어.

"역시, 우리 영국이 그 정도로 약한 나라는 아니지!"

"감히 영국에 도전한 놈들에게 본때를 보여주자!"

곧 영국군이 포클랜드를 향해 출동했어. 아르헨티나는 크게 당황했지. 설마 영국군이 이렇게 신속하게 반격에 나서리라곤 생각하지 못했던 거야.

영국군은 3개월 만에 아르헨티나를 격파하고 포클랜드를 되찾았어. 승리를 거둔 영국 해군은 당당하게 영국으로 돌아왔지. 런던 시민들은 바다가 보이는 곳에 모여서 해군을 반갑게 맞이했어.

"영국 만세!"

"대처 만세!"

전쟁을 승리로 이끈 대처는 영국을 지켜낸 영웅이 되었어. 단호하고 타협하지 않는 태도 때문에 '철의 여인'이라는 별명까지 생겼지. 대처는 이후로도 8년 동안 영국을 이끌며 많은 이야깃거리를 남겼어.

 역사 사전

국제 통화 기금(IMF)
세계 어떤 나라가 돈이 없어서 곤란할 때, 긴급히 돈을 빌려주는 기구야. 우리나라도 1997년에 국제 통화 기금에서 돈을 빌린 적이 있지.

지리 사전

포클랜드 제도
아르헨티나 앞바다에 있는 섬이야. 영국과 아르헨티나는 아직도 이 섬을 두고 영토 분쟁을 벌이고 있지.

❺ 출동(出나갈 출, 動움직일 동) 일정한 목적을 실행하기 위하여 떠남. ❻ 신속(迅빠를 신, 速빠를 속) 매우 날쌔고 빠름.
❼ 타협(妥온당할 타, 協화합할 협) 어떤 일을 서로 양보하여 협의함.

1 이 글을 읽고 다음 문장에 들어갈 알맞은 말을 골라 ○표 해 보세요.

중심
내용

(영국 / 아르헨티나)의 총리인 대처는 포클랜드 제도가 침공받자, 맞서 싸우기로 했다.
대처는 전쟁에서 (승리 / 패배)하여 포클랜드 제도를 지켜냈다.

2 이 글의 대처에 대한 설명으로 알맞은 것을 모두 선으로 이어 보세요.

인물
이해

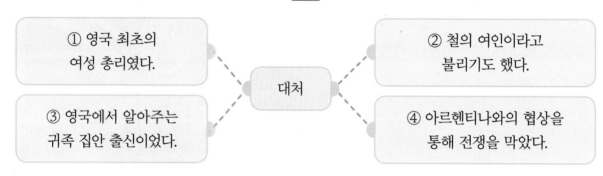

① 영국 최초의
여성 총리였다.

② 철의 여인이라고
불리기도 했다.

대처

③ 영국에서 알아주는
귀족 집안 출신이었다.

④ 아르헨티나와의 협상을
통해 전쟁을 막았다.

3 이 글의 내용과 일치하는 것을 골라 보세요. (   )

내용
이해

① 포클랜드 제도는 영국 바로 앞에 있는 작은 섬이다.

② 대처가 영국을 다스릴 때 영국은 전성기를 누리고 있었다.

③ 아르헨티나는 1976년 경제 위기로 국제 통화 기금에 돈을 빌렸다.

④ 영국은 아르헨티나를 격파하고 빼앗겼던 포클랜드 제도를 되찾았다.

4 이 글을 연극으로 만들었어요. 각 인물의 대사로 알맞지 <u>않은</u> 것을 골라 보세요.

내용
적용

(   )

① 영군 군인 역: 우리가 아르헨티나를 이겼다, 만세!

② 영국 국민 역: 영국에게 덤빈 아르헨티나 놈들을 가만두지 맙시다!

③ 대처 역: 영국은 이미 식민지가 충분하니 포클랜드는 내버려 둡시다!

④ 아르헨티나 군인 역: 영국이 약해진 틈을 타 포클랜드를 차지해 버립시다!

5 빈칸을 채우며 이 글의 내용을 정리해 보세요.

핵심
정리

영국의 총리 ① ☐☐ 는 경제 위기에도 불구하고, 포클랜드 제도를 빼앗으려는

아르헨티나에게 전쟁으로 맞섰다. 전쟁에서 승리한 후에는 ② '☐☐☐

☐ '이라는 별명으로 불리며 영국을 지켜낸 영웅이 되었다.

어휘 학습

6 낱말의 알맞은 뜻을 찾아 선으로 이어 보세요.

어휘
복습

(1) 후광 •

(2) 출동 •

(3) 신속 •

• ① 매우 날쌔고 빠름.

• ② 일정한 목적을 실행하기 위하여 떠남.

• ③ 어떤 사물을 더욱 빛나게 하거나 두드러지게 하는 배경.

7 보기 에서 알맞은 낱말을 찾아 밑줄 친 말을 바꾸어 써 보세요.

어휘
적용

보기   협상   침공   주목   타협

(1) 러시아가 우크라이나를 <u>침범하여 공격</u>했다.

➡ 러시아가 우크라이나를 (   )했다.

(2) 우크라이나와 러시아는 <u>서로 양보하여 협의</u>할 생각이 없어 보인다.

➡ 우크라이나와 러시아는 (   )할 생각이 없어 보인다.

핵심어로 보물 상자 찾기!

▶ 정답 18쪽

🔍 길을 따라가며 둘 중 설명에 맞는 핵심어에 ○표 하고, 표시한 핵심어에 그려진 보물 상자의 개수를 모두 더해 보세요.

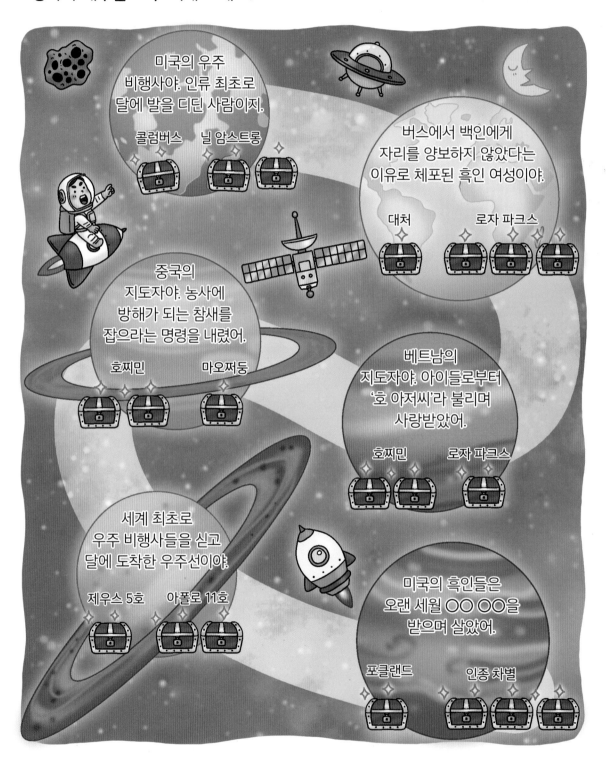

찾은 보물 상자는 모두 _____개!

누구나 쉽게 쓸 수 있는 컴퓨터를 만든
사람은 누굴까? 우리 함께 알아보자!

6주

		1988년 서울 올림픽		**2018년** 평창 동계 올림픽
1976년 잡스, 애플 창립	**1978년** 덩샤오핑, 경제 개방 실시	**1989년** 베를린 장벽 붕괴	**1993년** 만델라, 노벨 평화상 수상	**2018년** 호킹 사망

회차	학습 내용	교과서 핵심어	교과 연계	학습 계획일	
26	**베를린 장벽**이 무너지다	★ 냉전 ★ 독일 ★ 베를린 장벽	【중학 역사 I】 6. 현대 세계의 전개와 과제 ② 세계화와 경제 통합	월	일
27	**덩샤오핑**, 중국을 세계의 공장으로 만들다	★ 덩샤오핑 ★ 중국 ★ 세계의 공장	【중학 역사 I】 6. 현대 세계의 전개와 과제 ② 세계화와 경제 통합	월	일
28	**만델라**, 인종 차별 없는 세상을 꿈꾸다	★ 만델라 ★ 남아프리카 공화국 ★ 아파르트헤 이트	【중학 역사 I】 6. 현대 세계의 전개와 과제 ③ 탈권위주의 운동과 대중문화 발달	월	일
29	**호킹**, 장애를 이겨내고 우주의 신비를 밝히다	★ 호킹 ★ 영국 ★ 물리학	【중학 역사 I】 6. 현대 세계의 전개와 과제 ③ 탈권위주의 운동과 대중문화 발달	월	일
30	**잡스**, 혁신으로 세상을 바꾸다	★ 잡스 ★ 컴퓨터 ★ 미국 ★ 스마트폰	【중학 역사 I】 6. 현대 세계의 전개와 과제 ③ 탈권위주의 운동과 대중문화 발달	월	일
역사 놀이터		가로세로 핵심어 찾기!			

26

베를린 장벽이 무너지다

독일의 수도 베를린은 한때 장벽으로 나뉘어져 있었대. 왜 그랬을까?

| 교과서 핵심어 | ★ 냉전　★ 독일　★ 베를린 장벽 |

"루카스! 빨리 일어나 보렴!"

1989년 9월, 서베를린에 사는 소년 루카스는 어머니의 호들갑[1]에 눈을 떴어. 시끌벅적한 소리를 따라 거실에 나와 보니 가족들이 모두 모여 있었지.

"뉴스를 보렴! 앞으로 동독 주민이 서독을 자유롭게 방문할 수 있다는구나!"

루카스는 어머니의 말에 고개를 돌려 거실에 놓인 TV를 바라봤어. TV에서는 큼지막한 글자로 뉴스 속보[2]가 흘러나오고 있었지.

'뉴스 속보! 동독 주민, 서독으로 자유롭게 이주[3] 가능'

"그럼 동베를린에 있는 외할머니랑 외삼촌도 마음대로 만날 수 있어요?"

"그래, 그런 말인 것 같구나."

루카스는 믿을 수 없는 소식에 눈을 동그랗게 떴어.

제2차 세계 대전 이후 세상은 미국과 소련 편으로 갈라졌어. 예전처럼 총칼을 들고 싸우는 전쟁은 없었지만, 미국 편에 선 나라와 소련 편에 선 나라는 서로 문을 꽁꽁 걸어 잠갔지. 물건을 서로 사고팔지도 않았고, 상대편 나라로는 여행도 가지 못했어. 이때를 가리켜 냉전[4] 시대라고 해.

독일은 소련 편인 동독과 미국 편인 서독으로 나뉘며 동과 서로 분단됐어[5]. 독일의 수도인 베를린도 동베를린과 서베를린으로 갈라졌고, 가운데에는 높다란 장벽[6]이 놓여서 서로 마음대로 오갈 수 없었지. 사람들은 이 벽을 베를린 장벽이라고 불렀어.

베를린 장벽은 높이가 3미터가 넘었어. 항상 군대가 지키고 있는 데다가, 꼭대

---

❶ 호들갑 야단스러운 말이나 행동. ❷ 속보(速빠를 속, 報알릴 보) 신문이나 방송에서, 어떤 소식을 빨리 알림. ❸ 이주(移옮길 리, 住살 주) 본래 살던 집에서 다른 집으로 옮김. ❹ 냉전(冷찰 냉, 戰싸울 전) 나라끼리 직접 무력을 써서 싸우지는 않지만 경제, 외교 등에서 서로 대립하는 상태.

 역사 사전

기엔 철조망도 있어서 함부로 넘을 수가 없었지. 그동안 이 장벽을 몰래 넘다가 수많은 사람이 군인의 총에 맞아 목숨을 잃었어. 그런데 이제 그 장벽을 자유롭게 오갈 수 있다는 뉴스가 나온 거야.

"여러분! 지금 동베를린 사람들이 장벽을 부수러 오고 있대요!"

문밖에서 요란한 소리가 들렸어. 사람들이 모두 다 베를린 장벽으로 우르르 몰려가는 소리였지. 루카스네 가족도 서둘러 베를린 장벽으로 향했어.

장벽 앞에는 이미 수많은 사람이 몰려나와 있었어. 장벽을 지키던 군대는 온데간데없었지. 사람들은 요란하게 소리쳤어.

"장벽을 허물자! 장벽을 무너뜨려라!"

어디선가 커다란 망치를 들고 온 사람이 장벽을 내리쳤어. 장벽이 무너지고, 사람들이 그 사이를 넘어왔지. 어떤 사람은 장벽 위로 기어 올라가 반대편 사람에게 손을 내밀기도 했어. 루카스는 믿을 수 없는 광경❼을 바라보며 장벽을 넘어오는 사람들을 하나씩 유심히 살폈어.

"엄마, 저기 외삼촌이에요!"

루카스는 마침내 멀리서 달려오는 외삼촌을 찾아냈어. 옆에는 외할머니도 보였지. 루카스네 가족은 장벽까지 한달음에 달려가 서로 끌어안았어.

"루카스!"

외삼촌은 루카스를 끌어안고 엉엉 울었어. 다른 가족들도 마찬가지였지.

"이제 독일은 다시 하나야!"

때마침 누군가 기쁨에 겨워 바이올린 연주를 시작했어. 아름다운 음악 소리에 주변은 온통 축제 분위기로 젖어들었지.

루카스, 드디어 우리가 만났구나!

냉전 시대

제2차 세계 대전 이후부터 소련이 무너진 1991년까지의 시대를 가리키는 말이야. 미국과 소련이 직접 전쟁을 벌이지는 않았지만 경제, 외교, 정보 등을 수단으로 대립했던 시대를 뜻해.

베를린 장벽

베를린을 동서로 갈라놓았던 높고 기다란 벽이야. 동베를린과 서베를린 사람들은 이 장벽에 가로막혀 서로 오갈 수 없었지.

---

❺ 분단(分나눌 분, 斷끊을 단) 원래 하나였던 것이 둘 이상으로 나누어짐. ❻ 장벽(障막을 장, 壁벽 벽) 지나다닐 수 없도록 막은 벽. ❼ 광경(光빛 광, 景경치 경) 어떤 일이나 현상이 벌어지는 장면 또는 모양.

1 이 글의 중심 내용으로 알맞은 것에 ○표 해 보세요.

중심
내용

① 반으로 갈라진
독일과 베를린

② 이산가족이 된
루카스의 가족

③ 베를린 장벽이 무너지고
다시 하나가 된 독일

☐　　　☐　　　☐

2 이 글의 내용과 일치하는 것을 골라 보세요. (　　　)

내용
이해

① 제2차 세계 대전 이후 냉전 시대가 끝났다.

② 독일의 수도 베를린 가운데에 장벽이 놓여 있었다.

③ 제2차 세계 대전 이후 독일은 남독과 북독으로 갈라졌다.

④ 베를린 사람들은 냉전 시대에 장벽 사이를 자유롭게 이동할 수 있었다.

3 이 글을 읽고 다음 사진에 대한 설명으로 알맞지 <u>않은</u> 것을 골라 보세요. (　　　)

자료
해석

▲ 베를린 장벽의 오늘날 모습

① 이 벽은 언제나 군인이 지키고 있었다.

② 이 벽은 높이가 30센티미터 정도로 낮았다.

③ 이 벽을 넘으려다 많은 사람이 목숨을 잃었다.

④ 이 벽 꼭대기에는 철조망이 설치되어 있어서 함부로
넘을 수 없었다.

4 이 글의 루카스가 쓴 일기예요. 이 글의 내용과 일치하지 <u>않는</u> 것을 골라 보세요. (　　　)

내용
적용

드디어 그리웠던 가족들을 만나다!

날짜: 1989년 ○○월 ○○일　　날씨: **맑음**

서독에 사는 우리 가족은 ① <u>동독에 사는 외할머니와 외삼촌을 자유롭게 만날 수 없었다.</u>
엄마에게 이유를 여쭤보니 제2차 세계 대전 이후 ② <u>독일이 동과 서로 분단되어서</u> 그렇다고
했다. 그런데 오늘 뉴스에서 ③ <u>동독 주민의 자유로운 서독 방문을 허가한다</u>는 소식이 들렸
다. 그 소식을 들은 ④ <u>서독 사람들이 모두 몰려 나와 베를린 장벽이 무너지지 않게 지켰다.</u>
나는 마침내 그리웠던 외삼촌과 외할머니를 만나게 되었다.

▶ 정답과 풀이 14쪽

5 빈칸을 채우며 이 글의 내용을 정리해 보세요.

핵심
정리

제2차 세계 대전 이후 미국과 소련이 대립하는 ① ☐☐ 시대가 시작됐다.

⬇

② ☐☐ 은 소련 편인 동독과 미국 편인 서독으로 갈라졌고, 베를린 가운데에는

높은 장벽이 세워졌다. 사람들은 장벽에 가로막혀 마음대로 오갈 수 없었다.

⬇

1989년 9월, 동독 주민과 서독 주민의 자유로운 이동이 허용되며

마침내 ③ ☐☐☐ ☐☐ 이 무너졌다.

어휘 학습

6 낱말의 알맞은 뜻을 찾아 선으로 이어 보세요.

어휘
복습

(1) 냉전 •

(2) 분단 •

(3) 장벽 •

• ① 지나다닐 수 없도록 막은 벽.

• ② 원래 하나였던 것이 둘 이상으로 나누어짐.

• ③ 나라끼리 직접 무력을 써서 싸우지는 않지만 경제, 외교 등에서 서로 대립하는 상태.

7 다음 설명을 읽고 밑줄 친 낱말이 알맞게 쓰인 문장을 골라 보세요. (　　　)

어휘
적용

| 호들갑 | 야단스러운 말이나 행동. |

① 갑자기 나타난 벌레 때문에 놀라 모두가 호들갑을 떨었다.

② 장례식장은 슬픔에 잠겨 어둡고 호들갑스러운 분위기였다.

③ 어려운 상황에서도 침착하고 호들갑스럽게 행동하면 이겨낼 수 있다.

27

덩샤오핑, 중국을 세계의 공장으로 만들다

덩샤오핑
(1904년 ~ 1997년)

1978년부터 약 15년 동안 중국의 권력을 잡은 사람이야. 개방 정책을 펼쳐 중국 경제를 크게 성장시켰어.

| 교과서 핵심어 | ★덩샤오핑 ★중국 ★세계의 공장 |

"나는 중국을 미국처럼 세계를 주름잡는 나라로 만들 것이오."

높고 카랑카랑한 목소리가 광장에 울려 퍼졌어. 목소리의 주인공은 바로 덩샤오핑이었어. 마오쩌둥의 뒤를 이어 중국의 지도자가 된 사람이었지.

덩샤오핑이 중국의 지도자가 됐을 때, 중국은 가난한 나라였어. 논밭은 황폐[1] 해졌고 번듯한 공장을 세울 만한 돈도 없었어. 덩샤오핑은 중국 경제를 반드시 살리겠다고 다짐했어.

"어떻게 하면 경제를 살릴 수 있을지 허심탄회[2]하게 이야기해 보시오."

덩샤오핑이 묻자, 사람들은 저마다 방법을 내놓으며 입씨름을 벌였어.

"제대로 된 공장을 세우려면 큰돈이 듭니다. 그러니 외국의 투자[3]를 받아야 해요."

외국의 투자를 받자는 건 외국인이 중국에 공장을 짓거나 기업도 만들 수 있게 허가해 주자는 뜻이야. 사실 그때까지 중국은 미국이나 유럽의 여러 나라들과 전혀 교류하지 않았어. 그래서 외국의 투자를 받아야 한다는 의견은 중국에서 쉽게 받아들여지지 않았지.

"무슨 소리! 자존심도 없습니까? 외국에 손 벌릴 필요 없어요. 모든 중국인이 똘똘 뭉치면 됩니다."

양쪽 말을 듣고 있던 덩샤오핑이 입을 열었어.

"검은 고양이든 흰 고양이든 쥐만 잘 잡으면 되는 것 아니오? 한국과 대만은 외국의 투자를 받고 나서 경제가 쑥쑥 발전하고 있소. 우리 중국도 나라의 문을 열고 외국의 투자를 받는 것이 좋겠소."

덩샤오핑은 경제 발전을 위해서라면 외국 돈이든 중국 돈이든 수단을 가릴 필

---

❶ **황폐**(荒거칠 황, 廢폐할 폐) 집, 토지, 숲 등이 거칠어져 못 쓰게 됨. ❷ **허심탄회**(虛빌 허, 心마음 심, 坦평탄할 탄, 懷품을 회) 생각을 터놓고 말할 만큼 아무 거리낌이 없고 솔직함. ❸ **투자**(投던질 투, 資재물 자) 이익을 얻기 위해 돈이나 시간이나 정성을 들임.

요가 없다고 생각한 거야.

덩샤오핑은 중국의 문을 활짝 열고, 중국 남부 해안가에 도시 네 곳을 지정해 외국인들이 마음껏 공장을 지을 수 있도록 했어. 외국 기업에 거두는 세금도 크게 낮추었지.

자, 세계의 공장 중국으로 오시오!

"자, 중국으로 오시오! 중국에서는 싼값에 공장도 짓고, 물건도 만들 수 있소."

중국은 땅이 넓고 인구가 많았어. 일할 사람이 많다 보니 임금도 저렴했지. 그래서 중국에 공장을 지으면 훨씬 싼 가격으로 물건을 생산할 수 있었어.

"중국에서 물건을 만들면 훨씬 싸다며?"

"우리도 중국에 공장을 지읍시다!"

전 세계의 기업이 앞다퉈 중국에 공장을 짓기 시작했어. 머지않아 중국에서는 신발부터 첨단 전자 제품까지, 우리 주변에서 볼 수 있는 거의 모든 물건이 만들어졌지. 중국에서 만들어진 물건은 세계 곳곳으로 수출됐어. 이로써 중국은 '세계의 공장'이라는 별명을 얻었지.

덩샤오핑이 죽은 뒤에도 중국은 경제 개방을 이어 나갔어. 그 결과, 중국의 경제는 세계 1위의 경제 대국인 미국을 위협할 정도로 크게 성장했지. 중국 사람들은 덩샤오핑이 없었다면 오늘날의 중국은 없었을지도 모른다고 이야기해.

---

❹ 허가(許허락할 허. 可옳을 가) 행동이나 일을 하도록 허용함. ❺ 임금(賃품삯 임. 金쇠금 금) 근로자가 일한 대가로 받는 돈. ❻ 첨단(尖뾰족할 첨. 端끝 단) 학문. 유행 등의 가장 앞서는 자리. ❼ 수출(輸보낼 수, 出나갈 출) 국내의 상품이나 기술을 외국으로 팔아 내보냄. ❽ 개방(開열 개. 放놓을 방) 자유롭게 드나들고 이용하게 열어 놓음.

1

중심
내용

이 글을 읽고 알맞은 내용에 선을 그어 중심 문장을 완성해 보세요.

덩샤오핑은

① 외국의
투자를 막아

② 외국의
투자를 받아

중국을

③ 세계의 공장으로
만들었다.

④ 세계의 농장으로
만들었다.

2

인물
이해

이 글의 덩샤오핑에 대한 검색 결과로 알맞지 <u>않은</u> 것을 골라 보세요. (   )

덩샤오핑   ▼ Q

① 외국과의 교류를 막았다.

② 중국의 경제를 크게 성장시켰다.

③ 마오쩌둥의 뒤를 이은 중국의 지도자였다.

④ 중국을 세계를 주름잡는 나라로 만들겠다고 선언했다.

3

내용
이해

이 글의 외국 기업이 중국에 공장을 지으려 한 까닭으로 알맞지 <u>않은</u> 것을 골라 보세요.

(   )

① 중국 기업이 외국으로 진출했기 때문입니다.

② 땅이 넓어서 싼값에 공장을 지을 수 있기 때문입니다.

③ 덩샤오핑이 외국 기업에 세금을 깎아줬기 때문입니다.

④ 중국에는 일할 사람이 많아 임금이 저렴하기 때문입니다.

4

내용
적용

이 글의 덩샤오핑과 인터뷰를 했어요. 빈칸에 들어갈 말로 알맞은 것을 골라 보세요.

(   )

기자: '검은 고양이든 흰 고양이든 쥐를 잘 잡으면 된다'라고 하셨는데요, 왜 그런 말씀을
하신 건가요?

덩샤오핑: _____

① 경제 개방의 위험성을 알리기 위해서입니다.

② 쥐를 잘 잡는 고양이를 고르는 방법을 알려주기 위해서입니다.

③ 경제에 도움이 된다면 무엇이든 하자고 강조하기 위해서입니다.

④ 중국만의 힘으로 경제 발전을 이루자고 주장하기 위해서입니다.

5 빈칸을 채우며 이 글의 내용을 정리해 보세요.

핵심
정리

중국은 한때 가난한 나라 중 하나였다. 중국의 지도자 ① ☐☐☐☐

은 경제를 살리기 위해 나라를 개방하고 외국 기업에 많은 혜택을 주었다. 그러자 전 세계의

기업은 앞다퉈 중국에 공장을 지었다. 이후 중국은 신발부터 첨단 전자 제품까지 만드는

② '☐☐☐ ☐☐'이 되었고, 세계적인 경제 강국이 되었다.

어휘 학습

6 낱말의 알맞은 뜻을 찾아 선으로 이어 보세요.

어휘
복습

(1) 투자 •

(2) 수출 •

(3) 개방 •

• ① 자유롭게 드나들고 이용하게 열어 놓음.

• ② 국내의 상품이나 기술을 외국으로 팔아 내보냄.

• ③ 이익을 얻기 위해 돈이나 시간이나 정성을 들임.

7 다음 설명을 읽고 밑줄 친 사자성어가 알맞게 쓰인 문장을 모두 골라 보세요.

어휘
적용

(,)

'허심탄회(虛心坦懷)'는 생각을 터놓고 말할 만큼 아무 거리낌이 없고 솔직하다는 뜻이다.

① 두 대통령은 <u>허심탄회</u>하게 서로의 속마음을 숨겼다.

② 알고 계시는 모든 것을 <u>허심탄회</u>하게 말씀해 주십시오.

③ 우리는 무엇이든 <u>허심탄회</u>하게 이야기하는 친한 사이다.

④ 경찰이 <u>허심탄회</u>하게 알려준 탓에 누구도 무엇이 진실인지 알 수 없었다.

28

만델라, 인종 차별 없는 세상을 꿈꾸다

만델라가 살던 남아프리카 공화국은 인종 차별이 심각했대. 만델라는 어떻게 이 문제를 해결하려고 했을까?

인물 사전

넬슨 만델라
(1918년 ~ 2013년)

남아프리카 공화국의 대통령이자 인권 운동가야. 27년 동안 감옥 생활을 하며 흑인 차별 정책을 꾸준히 반대했지.

| 교과서 핵심어 | ★만델라 | ★남아프리카 공화국 | ★아파르트헤이트 |

1950년대 남아프리카 공화국에서는 인종 차별이 심각했어. 흑인은 지저분한 흑인 거주 구역에만 살아야 했고, 백인들만 깨끗하고 좋은 동네에서 살았지. 흑인이 백인들이 사는 도시에 가려면 특별히 허락을 받아야 했어. 학교나 병원처럼 생활에 꼭 필요한 시설도 함부로 방문할 수가 없었지. 심지어 흑인에게는 투표권도 주어지지 않았어. 이렇게 흑인과 백인을 분리하여 차별했던 남아프리카 공화국의 정책을 아파르트헤이트라고 해.

"흑인 차별에 반대한다. 정부는 인종 차별 정책을 즉각 중단하라!"

흑인들은 거세게 항의하며 시위를 벌였어. 하지만 정부는 흑인들의 시위를 무자비하게 짓밟았고, 흑인들의 지도자였던 만델라를 체포했지.

"사람들을 부추겨 폭력적인 시위를 벌인 죄로, 만델라를 죽을 때까지 감옥에 가두는 종신형에 처한다."

만델라는 외딴 섬에 지어진 감옥에 갇혔어. 만델라가 갇힌 방은 두 발을 뻗고 눕기도 힘들 만큼 비좁았고, 지저분해서 벌레가 들끓었지. 하지만 만델라는 희망의 끈을 놓지 않았어.

'내 몸을 가둘 수 있어도, 내 영혼까지 가둬 놓을 수는 없어.'

만델라는 여전히 시위를 이어 나가고 있는 흑인들에게 매일 편지를 썼어. 남아프리카 공화국의 대통령에게도 편지를 보내 인종 차별을 중지하라고 요구했지. 사람들은 지치

남아프리카 공화국의 인종 차별 정책은 없어져야만 해!

인종 차별 반대!

---

❶ 거주(居살 거, 住살 주) 일정한 곳에 머물러 삶. ❷ 구역(區구분할 구, 域지경 역) 어떤 기준이나 특성에 따라 여럿으로 나누어 놓은 지역. ❸ 중단(中가운데 중, 斷끊을 단) 어떤 일을 중간에 멈추거나 그만둠. ❹ 항의(抗겨룰 항, 議논할 의) 못마땅한 생각이나 반대의 뜻을 주장함.

역사 사전

아파르트헤이트
1950년부터 남아프리카 공화국에서 시행된 인종 차별 정책이야. 넬슨 만델라가 대통령이 되고 나서 1994년에 폐지되었어.

지 않는 만델라를 보고 큰 희망을 얻었어.

"만델라 님은 감옥에서도 이렇게 노력하고 있는데, 우리도 힘을 냅시다!"

"그래, 모두 함께 외칩시다. 정부는 인종 차별을 중단하라!"

이렇게 만델라가 감옥에서 인권 운동을 한 지 무려 27년이 흘렀어. 그동안 흑인들의 시위는 조용해지기는커녕 더욱 거세졌지. 게다가 이제는 세계 여러 나라들도 남아프리카 공화국에 등을 돌렸어.

"남아프리카 공화국은 아직도 흑인들을 차별하는 거요?"

"정말 야만적이군요. 당장 인종 차별을 그만두지 않으면 모든 교류를 끊겠소."

결국 1990년, 남아프리카 공화국 정부는 모든 인종 차별 정책을 중단하겠다고 선언했어. 만델라도 27년 만에 감옥에서 풀려났지.

"여러분, 그동안 포기하지 않아 주어서 감사합니다. 이제 우리 남아프리카 공화국은 백인과 흑인이 모두 함께 어우러져 사는 나라로 거듭날 것입니다. 모두 함께 나갑시다!"

"만델라 만세!"

1993년, 만델라는 인권 운동에 힘쓴 공로[5]를 인정받아 노벨 평화상을 수상하며 세계적인 인물로 떠올랐어. 다음 해에는 남아프리카 공화국 최초의 흑인 대통령으로 당선되었지. 대통령이 된 만델라는 아파르트헤이트를 완전히 철폐[6]했어.

"드디어 아파르트헤이트가 사라졌다!"

전 세계 사람들이 이 소식을 듣고 모두 기뻐했어. 만델라는 어떠한 역경[7]에도 굴하지 않은 인권 운동의 상징으로 많은 사람들의 귀감[8]이 되었지.

지리 사전

남아프리카 공화국
아프리카 대륙 남쪽 끝에 자리한 나라야. 유럽이 전 세계로 식민지를 넓히던 시절 영국, 네덜란드 등에서 백인들이 이주해 와 세운 나라지. 줄여서 '남아공'이라고도 해.

---

[5] 공로(功일 공. 勞일 로) 일을 마치거나 목적을 이루는 데 들인 노력과 수고. [6] 철폐(撤거둘 철. 廢폐할 폐) 전에 있던 제도나 규칙을 없앰. [7] 역경(逆거스를 역. 境지경 경) 일이 순조롭지 않아 매우 어렵게 된 처지나 환경. [8] 귀감(龜거북 귀. 鑑거울 감) 거울로 삼아 본받을 만한 모범.

1 이 글의 중심 내용으로 알맞은 것을 골라 보세요. (   )

중심
내용

① 만델라의 힘들었던 감옥 생활

② 인종 차별 정책을 없앤 만델라

③ 오랫동안 차별 받은 흑인의 역사

④ 노벨 평화상의 엄격한 수상 기준

2 이 글의 만델라에 대한 설명으로 알맞은 것을 골라 보세요. (   )

인물
이해

① 노벨 문학상을 받았다.

② 인종 차별을 찬성하는 시위를 벌였다.

③ 종신형을 선고 받고 죽을 때까지 감옥에 갇혀 있었다.

④ 감옥에 갇혀 있는 동안 편지를 쓰며 인종 차별 폐지를 호소했다.

3 이 글의 내용과 일치하면 ○표, 일치하지 않으면 X표 해 보세요.

내용
이해

(1) 만델라가 감옥에 갇혀 인종 차별 반대 운동이 중단되었다.   (   )

(2) 남아프리카 공화국은 1950년에 인종 차별 정책을 중단했다.   (   )

(3) 한때 남아프리카 공화국의 흑인들은 투표에 참여할 수 없었다.   (   )

(4) 세계 여러 나라가 남아프리카 공화국의 흑인 차별을 비판하였다.   (   )

4 이 글을 읽고 신문 기사의 빈칸에 공통으로 들어갈 말을 써 보세요.

내용
적용

○○ **신문**   ○○년 ○○월 ○○일

〈속보〉 ○○○○○○○ 철폐되다!

남아프리카 공화국의 새 대통령 만델라는 남아프리카 공화국의 인종 차별 정책을 완

전히 없앤다고 발표했다. 그동안 흑인을 차별했던 ○○○○○○○

정책 때문에 흑인과 백인은 같은 동네에서 살 수 없었고, 흑인과 백인의 결혼도 금지됐

었다. 마침내 ○○○○○○○ 가 폐지된다는 소식이 전해지자 전

세계 언론들도 환영하며 반기고 있다.

5 빈칸을 채우며 이 글의 내용을 정리해 보세요.

핵심
정리

오늘의 인물: ① □□□		
국적	② □□□□ □□□	
직업	인권 운동가, 대통령	
한 일	• 감옥에서 27년간 흑인 인권을 위해 힘썼다. • 자기 나라 최초의 흑인 대통령이 되었다. • 인종 차별 정책 폐지를 이끌어낸 공을 인정받아 노벨 평화상을 받았다.	

어휘 학습

6 낱말의 알맞은 뜻을 찾아 선으로 이어 보세요.

어휘
복습

(1) 항의 •

(2) 공로 •

(3) 철폐 •

• ① 전에 있던 제도나 규칙을 없앰.

• ② 못마땅한 생각이나 반대의 뜻을 주장함.

• ③ 일을 마치거나 목적을 이루는 데 들인 노력과 수고.

7 빈칸에 알맞은 낱말을 보기 에서 찾아 문장을 완성해 보세요.

어휘
적용

보기   거주   구역   중단   역경   귀감

(1) 고장으로 인해 지하철 운행이 갑자기 _____되었다.
ㄴ 어떤 일을 중간에 멈추거나 그만둠.

(2) 용돈을 모아 불우 이웃을 돕다니 모든 학생의 _____이구나!
ㄴ 거울로 삼아 본받을 만한 모범.

(3) 나도 만델라처럼 그 어떤 _____도 다 이겨내는 사람이 될 거야!
ㄴ 일이 순조롭지 않아 매우 어렵게 된 처지나 환경.

29 호킹, 장애를 이겨내고 우주의 신비를 밝히다

호킹은 어떤 병에 걸렸던 걸까? 그리고 어떤 업적을 남겼는지도 궁금해!

인물 사전

스티븐 호킹
(1942년 ~ 2018년)

영국의 물리학자야. 불치병을 앓으면서도 우주의 신비를 밝혀내며 오늘날 물리학에 아주 커다란 공을 세웠지.

| 교과서 핵심어 | ★호킹 ★영국 ★물리학 |

영국의 물리학자 호킹은 어려서부터 머리가 좋기로 유명했어. 열일곱 살 때 이미 영국 최고의 대학교인 옥스퍼드 대학교에 들어가 물리학을 공부하기 시작했지. 호킹은 대학에서도 최고 성적을 받을 만큼 열심히 공부했고, 운동도 잘하는 활달한 학생이었어.

그런데 졸업을 앞둔 어느 날, 호킹에게 이상한 일이 생겼어.

"와당탕탕!"

"학생! 많이 다치지 않았어? 어떻게 된 일이야?"

계단을 오르던 호킹이 휘청이더니 계단 아래로 굴러 떨어지고 만 거야. 다리가 갑자기 굳어서 생긴 일이었어. 이후로도 같은 일이 여러 차례 계속됐지.

'내 몸이 도대체 왜 이러는 거지?'

호킹은 병원에 가서 검사를 받아 보았어. 그런데 의사가 호킹에게 청천벽력 같은 이야기를 했지.

"루게릭병입니다. 온몸이 서서히 마비되는 병이죠. 나중에는 몸을 전혀 움직일 수 없게 됩니다. 길어야 2년 정도 살 수 있을 거예요."

호킹은 치료법이 없는 무서운 병에 걸린 거야. 호킹은 크게 좌절했어. 모든 것이 끝난 기분이었지. 하지만 곧 마음을 고쳐먹었어.

'어쨌든 나에게는 2년이 남아 있어. 남은 2년은 후회 없이 살다 가고 싶어.'

스티븐 호킹은 오히려 병에 걸리기 전보다 더 많이 웃으려고 노력했어. 더 열심히 연구하고 논문도 썼지. 결혼도 하고 아이도 낳았어.

그렇게 2년이 지났어. 하지만 스티븐 호킹은 의사의 진단과 달리 여전히 살아 있었지.

❶ 물리학(物물건 물, 理다스릴 리, 學배울 학) 물질의 물리적 성질과 그것이 나타나는 모든 현상을 연구하는 학문. ❷ 청천벽력(靑푸를 청, 天하늘 천, 霹벼락 벽, 靂벼락 력) '마른하늘에 날벼락'이란 뜻으로, 뜻밖에 일어난 큰 사건. ❸ 마비(麻저릴 마, 痺저릴 비) 신경이나 근육이 감각과 기능을 잃어버리고 힘을 제대로 쓰지 못하는 것.

"병이 예상보다 아주 느리게 진행되고 있군요. 아무래도 환자가 긍정적인 마음을 가진 덕인 것 같아요. 기적입니다."

의사는 기적이라며 매우 놀라워했어. 하지만 몸이 점점 나빠지는 것을 아주 막을 수는 없었어. 호킹은 점점 온몸이 마비되고, 이내 목소리마저 낼 수 없게 되었지. 나중엔 눈썹과 두 개의 손가락만 움직일 수 있는 처지가 됐어.

'그래도 내 삶을 여기에서 멈출 수는 없어!'

호킹은 결코 좌절하지 않았어. 휠체어에 탄 채 기계의 도움을 받아 사람들과 소통했고, 대학에서 학생들도 가르쳤지. 어려운 물리학을 쉽게 풀어낸 책도 여럿 지어서 세계적인 명성을 얻었어.

장애는 나에게 아무런 문제가 되지 않습니다!

호킹은 물리학 연구에도 더욱 매진[4]했어. 호킹은 블랙홀 연구에 빠져 있었는데, 블랙홀은 빛조차 빠져나갈 수 없어서 검게 보이는 구멍으로만 알려진 존재였지. 블랙홀은 제대로 관찰하는 것이 불가능해서 우주의 신비로만 남아 있었어. 하지만 호킹은 끈질긴 연구 끝에 블랙홀이 어떻게 만들어지고, 어떤 특성을 갖고 있는지 밝혀냈어. 사람들은 호킹에게 더욱 감탄했지.

"몸이 불편한데도 저렇게 활발하게 활동하다니, 정말 대단해!"

"장애[5]만 극복한 게 아니라 학자로서도 대단한 사람이구나!"

호킹은 2018년에 일흔여섯 살의 나이로 세상을 떠났어. 불굴[6]의 의지로 의사의 진단보다 훨씬 오래 산 거야. 오늘날 호킹은 장애를 극복하고 우주의 신비를 밝힌 과학자로 많은 사람에게 기억되고 있어.

---

[4] 매진(邁힘쓸 매, 進나아갈 진) 어떤 일을 매우 열심히 해 나감. [5] 장애(障막을 장, 礙거리낄 애) 몸이 본래의 제 기능을 하지 못하거나 정신 능력에 결함이 있는 상태. [6] 불굴(不아니 불, 屈굽힐 굴) 온갖 어려움에도 굽히지 아니함.

1 이 글의 중심 내용으로 알맞은 것을 골라 보세요. (   )

중심
내용

① 장애로 좌절된 과학자의 꿈

② 전 세계를 공포에 떨게 한 루게릭병

③ 장애인의 복지를 위해 평생 노력한 호킹

④ 불편한 몸을 극복하고 우주의 신비를 밝힌 호킹

2 이 글의 호킹에 대한 설명으로 알맞은 것을 <u>모두</u> 선으로 이어 보세요.

인물
이해

① 영국의 물리학자다.

② 루게릭병 치료법에 대해 논문을 썼다.

호킹

③ 우주의 신비를 밝힌 과학자로 존경을 받는다.

④ 옥스퍼드 대학교에서 물리학을 공부했다.

3 이 글의 내용을 <u>잘못</u> 이해한 사람을 골라 보세요. (   )

내용
이해

① 선애: 호킹이 병에 걸린 뒤 2년 만에 세상을 떠나서 너무 슬펐어.

② 영심: 호킹이 연구했다는 블랙홀의 특징이 무엇인지 더 알아보고 싶어.

③ 수재: 온몸이 거의 마비되었는데도 학생을 가르치고 책까지 썼다니, 대단해.

④ 하다: 불치병에 걸렸는데 좌절하지 않고 꿋꿋이 자신의 삶을 산 점이 존경스러워.

4 이 글을 연극으로 만들었어요. 빈칸에 들어갈 대사로 알맞은 것을 골라 보세요. (   )

내용
적용

동료 교수: 자네는 어떻게 그런 몸으로 연구를 할 수 있었나?

호킹: 장애는 나에게 아무런 문제가 되지 않네. 왜냐하면 _____

① 어린 시절부터 몸이 불편해서 익숙하기 때문이야.

② 몸은 불편하지만 열심히 살려고 노력했기 때문이야.

③ 장애를 가지고 있어도 몸을 자유롭게 움직일 수 있기 때문이야.

④ 내가 걸린 병은 치료법이 간단해서 금방 이겨낼 수 있기 때문이야.

5 빈칸을 채우며 이 글의 내용을 정리해 보세요.

핵심
정리

이름	① ☐ ☐
국적	영국
직업	물리학자
한 일	• 루게릭병을 극복하고 활발한 활동을 펼침. • 우주의 신비로만 남아 있던 ② ☐ ☐ ☐ 의 특성을 밝혀냄.

어휘 학습

6 낱말의 알맞은 뜻을 찾아 선으로 이어 보세요.

어휘
복습

(1) 마비 •

(2) 장애 •

(3) 불굴 •

• ① 온갖 어려움에도 굽히지 아니함.

• ② 몸이 본래의 제 기능을 하지 못하거나 정신 능력에 결함이 있는 상태.

• ③ 신경이나 근육이 감각과 기능을 잃어버리고 힘을 제대로 쓰지 못하는 것.

7 밑줄 친 낱말의 알맞은 뜻을 골라 번호를 써 보세요.

어휘
적용

매진	① (邁힘쓸 매 進나아갈 진) 어떤 일을 매우 열심히 해 나감. 　예 그녀는 글짓기에 **매진**해 훌륭한 소설을 남겼다. ② (賣팔 매 盡다할 진) 하나도 남지 아니하고 모두 다 팔려 동이 남. 　예 라면을 사러 갔더니, 모두 **매진**되어 살 수 없었다.

(1) 나는 공부에 <u>매진</u>하여 반드시 이번 시험에서 1등을 할 거야! (　　)

(2) 우리가 극장에 도착했을 때는 이미 극장표가 <u>매진</u>이 된 뒤였다. (　　)

30

잡스, 혁신으로 세상을 바꾸다

> 잡스는 전자 제품으로 세상을 바꾼 사람이래. 잡스는 어떻게 그런 일을 할 수 있었을까?

스티브 잡스
(1955년 ~ 2011년)
애플 컴퓨터를 창업한 미국의 사업가야. 최초의 개인용 컴퓨터를 만들고, 스마트폰 등 다양한 전자 제품을 선보였지.

| 교과서 핵심어 | ★ 잡스 ★ 컴퓨터 ★ 미국 ★ 스마트폰 |

1970년대까지만 해도 컴퓨터는 매우 다루기 어려운 기계였어. 요즘 컴퓨터처럼 키보드로 명령을 입력❶하고 모니터로 결과를 확인할 수 없었거든. 컴퓨터에 명령을 내리기 위해서는 복잡한 스위치를 일일이 올리고, 깜빡이는 불빛을 보고 명령이 제대로 입력됐는지 확인해야 했지. 그래서 상당한 전문❷ 지식을 갖춘 사람만이 컴퓨터를 다룰 수가 있었어. 게다가 컴퓨터 가격이 웬만한 차 한 대 값과 맞먹을 정도로 비쌌어. 그래서 컴퓨터를 가지고 있는 집이 아주 드물었지.

그런데, 이때 남다른 생각을 한 미국의 청년이 있었어. 바로 잡스였지.

'머지않아 집집마다 컴퓨터를 텔레비전처럼 한 대씩 가지고 있는 세상이 오게 될 거야.'

잡스는 자신처럼 컴퓨터에 관심이 많았던 친구와 함께 컴퓨터 사업❸에 뛰어들기로 했어. 두 사람은 잡스 부모님의 집 창고를 사무실 삼아 작은 회사를 차리고, 본격적인 컴퓨터 개발에 나섰어. 이 회사의 이름은 '애플'이었지.

두 사람은 어떤 컴퓨터를 만들지 머리를 맞대고 고민했어.

"우리가 만들 컴퓨터는 누구나 쓸 수 있어야 해. 그래야 지금보다 훨씬 많은 사람이 컴퓨터를 살 거야."

"스티브! 내 생각과 똑같아. 이런 게 이심전심❹인가? 하하."

두 사람은 오랜 시간 연구한 끝에 새로운 컴퓨터를 개발했어. 이 컴퓨터는 키보드로 명령을 입력하면 화면에서 곧바로 결과를 확인할 수 있었어. 게다가 다른 컴퓨터보다 가격도 훨씬 저렴했고 속도도 빨랐지.

"스티브, 어때? 이 정도면 모두가 컴퓨터를 사겠지?"

"겉보기에도 예뻐야 해. 그래야 다들 기꺼이 집에다 갖다 놓고 싶어할 거야."

---

❶ 입력(入들 입, 力힘 력) 문자나 숫자를 컴퓨터가 기억하게 하는 일. ❷ 전문(專오로지 전, 門문 문) 어떤 분야에 상당한 지식과 경험을 가지고 오직 그 분야만 연구하거나 맡음. ❸ 사업(事일 사, 業일 업) 일정한 목적과 계획을 가지고 짜임새 있게 지속적으로 경영함.

잡스는 사람들이 같은 상품이라도 더 예쁜 물건에 지갑을 연다는 걸 꿰뚫어 보았어. 그래서 컴퓨터의 겉모습에도 많은 공을 들였지. 이렇게 두 사람은 '애플 컴퓨터'를 만들어 냈어. 애플에서 탄생한 애플 컴퓨터는 누구나 쉽게 쓸 수 있는 개인용 컴퓨터였지.

이제 누구나 쉽게 컴퓨터를 쓸 수 있습니다!

"애플 컴퓨터 광고 봤어? 희고 매끈한 게 정말 예쁘던데?"

"그냥 예쁘기만 한 게 아니야! 컴퓨터에 익숙하지 않은 사람도 어렵지 않게 쓸 수 있대!"

예쁘고 사용이 편리한 애플 컴퓨터는 놀라운 성공을 거두었어. 다른 회사들도 부랴부랴 애플을 따라 개인용 컴퓨터를 내놓았지. 그러자 머지않아 집집마다 개인용 컴퓨터를 한 대씩 갖추는 세상이 찾아왔어. 젊은 시절 잡스의 예상이 꼭 들어맞았던 거야.

잡스의 도전은 여기서 끝이 아니었어. 잡스는 스마트폰을 혁신⁵한 사람이기도 해. 잡스의 '아이폰'이 나오면서 전 세계에는 스마트폰 열풍⁶이 불었거든. 그런데 잡스의 아이폰이 나오기 전에도 이미 스마트폰은 있었어. 하지만 너무 불편하고 예쁘지도 않아서 많은 관심을 받지 못했던 거야.

"편리하고 예쁜 스마트폰을 만들자. 그럼 세상이 깜짝 놀랄 거야!"

잡스의 아이폰은 복잡한 버튼을 모두 과감하게 없앴고, 손가락으로 터치만 해도 누구나 조작할 수 있는 스마트폰이었어. 덕분에 큰 인기를 얻었지.

오늘날 우리는 집집마다 개인용 컴퓨터를 갖추고 스마트폰을 써. 잡스라는 선구자⁷가 인류의 삶을 크게 바꿔놓은 거야.

---

❹ 이심전심(以써 이, 心마음 심, 傳전할 전, 心마음 심) 마음과 마음으로 서로 뜻이 통함. ❺ 혁신(革가죽 혁, 新새로울 신) 완전히 바꾸어서 새롭게 함. ❻ 열풍(烈매울 렬, 風바람 풍) 매우 세차게 일어나는 기운이나 기세. ❼ 선구자(先먼저 선, 驅몰 구, 者사람 자) 어떤 일이나 사상에서 다른 사람보다 앞선 사람.

1 이 글을 읽고 알맞은 내용에 선을 그어 중심 문장을 완성해 보세요.

중심
내용

잡스는

① 애플을
설립하여

② 애플에
취직하여

누구나 쉽게
쓸 수 있는

③ 컴퓨터를
개발하였다.

④ 자동차를
개발하였다.

2 이 글의 잡스에 대한 설명으로 알맞은 것을 골라 보세요. (   )

인물
이해

① 아버지와 함께 회사를 세웠다.

② 스마트폰을 만들어 큰 실패를 맛보았다.

③ 컴퓨터는 전문가만 다룰 수 있다고 주장했다.

④ 집집마다 컴퓨터를 한 대씩 갖추는 세상이 올 것이라고 생각했다.

3 이 글의 내용과 일치하면 ○표, 일치하지 않으면 X표 해 보세요.

내용
이해

(1) 잡스는 스마트폰을 세계 최초로 개발했다. ( )

(2) 애플 컴퓨터는 전문가만 쓸 수 있는 비싼 컴퓨터였다. ( )

(3) 1970년대 컴퓨터는 사용법이 복잡하고 다루기가 어려웠다. ( )

(4) 잡스는 애플 컴퓨터를 누구의 도움도 없이 혼자서 만들었다. ( )

4 이 글의 잡스가 쓴 사업 계획서예요. 이 글의 내용과 일치하지 <u>않는</u> 것을 골라 보세요.

내용
적용

( )

<사업 계획서>

작성자: 스티브 잡스

애플 컴퓨터의 개발 방향

• 누구나 쓸 수 있게 편리해야 한다. ··· ①

• 가격이 저렴하고 속도가 빨라야 한다. ··· ②

• 컴퓨터 성능이 중요하지, 겉모습은 전혀 중요하지 않다. ······················· ③

• 키보드로 입력하면 모니터로 곧바로 결과를 확인할 수 있어야 한다. ··········· ④

▶ 정답과 풀이 16쪽

5 빈칸을 채우며 이 글의 내용을 정리해 보세요.

핵심
정리

미국의 사업가 ① ☐☐ 는 컴퓨터 개발 회사 '② ☐☐'을 세웠다. 그는 편리하고 매력적인 디자인의 개인용 컴퓨터를 내놓아 큰 성공을 거두었다. 그리고 스마트폰도 오늘날의 모습으로 혁신하였다. 그 결과, 모든 사람이 컴퓨터와 스마트폰을 갖추는 새 시대가 열렸다.

어휘 학습

6 낱말의 알맞은 뜻을 찾아 선으로 이어 보세요.

어휘
복습

(1) 혁신 •

(2) 열풍 •

(3) 선구자 •

• ① 완전히 바꾸어서 새롭게 함.

• ② 매우 세차게 일어나는 기운이나 기세.

• ③ 어떤 일이나 사상에서 다른 사람보다 앞선 사람.

7 대화를 읽고 빈칸에 들어갈 말로 알맞은 것을 골라 보세요. (   )

어휘
적용

하다: 선생님, 햄버거가 먹고 싶어요!

영심: 헤헤, 나도 마침 햄버거가 먹고 싶었어.

용선생: 하다랑 영심이가 이심전심이구나.

하다: 이심전심? 그게 무슨 뜻이에요?

용선생: _____

① 서로 생각이 다르다는 뜻이야.

② 마음과 마음으로 서로 뜻이 통한다는 뜻이야.

③ 나의 마음을 남에게 전하는 게 어렵다는 뜻이야.

④ 누가 뭘 먹고 싶어 하면 나는 먹기 싫어진다는 뜻이야.

가로세로 핵심어 찾기!

가로세로 열쇠 힌트를 읽고, 알맞은 핵심어를 넣어 가로세로 역사 퍼즐을 완성해 보세요.

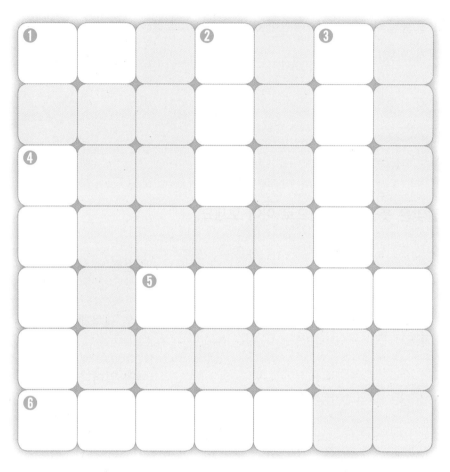

 가로 열쇠

❶ ○○ 컴퓨터는 누구나 쉽게 쓸 수 있는 개인용 컴퓨터였어.

❺ 독일의 수도 베를린은 ○○○ ○○에 의해 동베를린과 서베를린으로 갈라져 있었어.

❻ 영국의 과학자야. 젊은 나이에 불치병을 얻었지만 꿋꿋이 극복하고 우주의 신비를 밝히는 데 큰 역할을 했어.

 세로 열쇠

❷ ○○○는 감옥에서도 흑인 인권을 위해 꾸준히 목소리를 내었고, 풀려난 뒤 노벨 평화상을 받았어.

❸ 덩샤오핑이 중국의 경제를 개방하면서 중국은 ○○○ ○○이라는 별명을 갖게 됐어.

❹ 미국의 사업가야. 누구나 쓸 수 있는 컴퓨터와 스마트폰을 개발한 것으로 유명해.

찾아보기

찾아보기

메모장

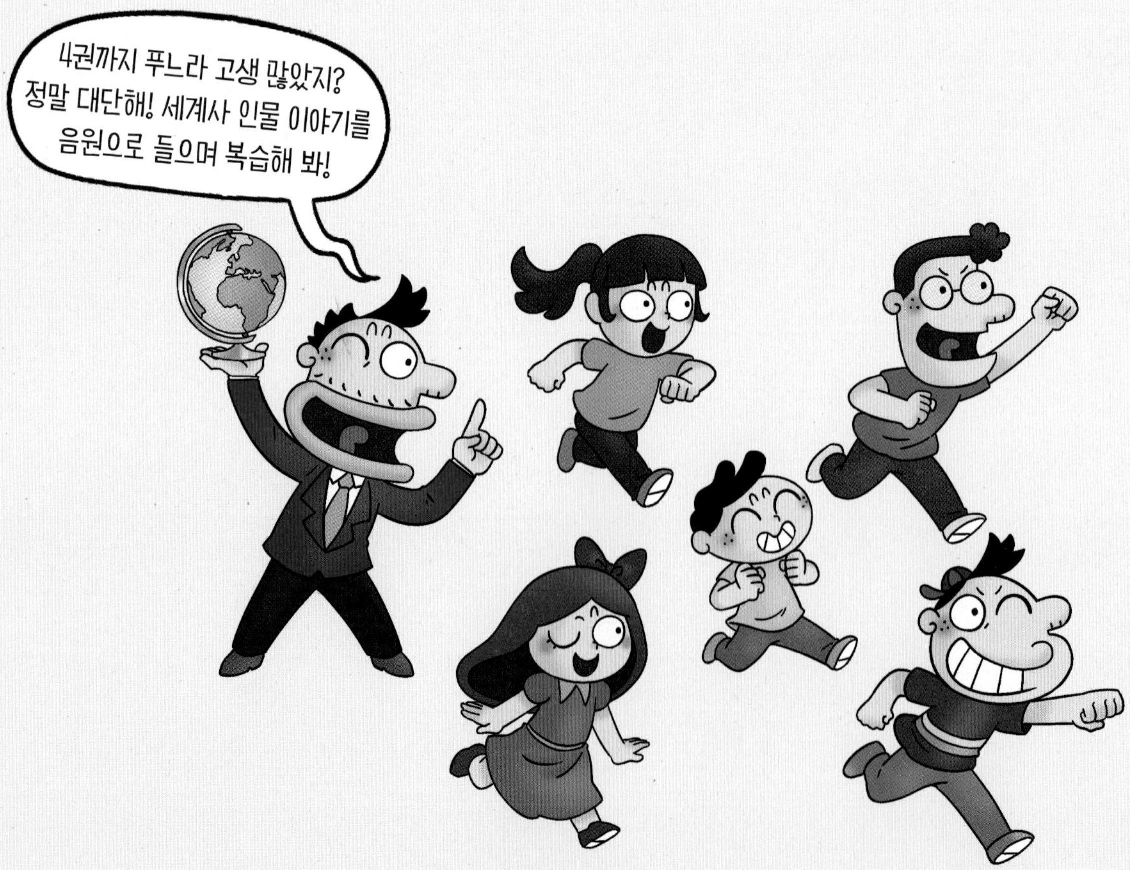
4권까지 푸느라 고생 많았지?
정말 대단해! 세계사 인물 이야기를
음원으로 들으며 복습해 봐!

교과서 인물 총출동!

용선생 15분 한국사 독해

생생한 역사 인물 이야기로
초등 한국사 기초 완성!
한국사 필수 어휘까지 한 번에!

글 사회평론 역사연구소 외 | 그림 뭉선생 외 | 캐릭터 이우일

전 4권 • 1권 우리 역사의 시작 ~ 삼국 시대 • 2권 남북국 시대 ~ 고려 시대 • 3권 조선 시대 • 4권 개항기 ~ 현대

용선생과 함께라면 교과서가 달라진다!

사회평론

용선생 교과서 한국사

교과서가 어렵고 지루하다고요? NO!

용선생 교과서 한국사는

- 역사의 흐름을 이야기로 쉽게 풀이!
- 흥미로운 삽화와 다양한 에피소드로 구성!
- 학교 단원 평가부터 한국사능력시험까지 완벽 대비!
- 다양한 주제의 글쓰기로 역사 논술까지 해결!

글 사회평론 역사연구소 | **그림** 뭉선생 | **캐릭터** 이우일

용선생 교과서 한국사 · Q와 함께라면 한국사 만점도 문제없지!

세계 문화로 초등 세계사 기초 다지기!

용선생이 간다

글 사회평론 역사연구소 | **그림** 김지희 외 | **캐릭터** 이우일

전 15권

한국사 공부가 처음이라면!

용선생 처음 한국사

글 사회평론 역사연구소 | **그림** 뭉선생, 윤효식 | **캐릭터** 이우일

전 2권

세계사 공부가 처음이라면!

용선생 처음 세계사

글 사회평론 역사연구소 | **그림** 뭉선생, 윤효식 | **캐릭터** 이우일

전 2권

15분 집중의 힘
1등 하는 **공부 습관**

용선생 15분
세계사 독해
정답과 풀이

4권

근·현대 편

사회평론

01 임칙서, 아편 단속에 나서다

본문 10~13쪽

독해 학습

1 ④   2 ④

3 ②   4 ③

5 ① 아편 ② 임칙서 ③ 아편 전쟁

어휘 학습

6 (1) ② (2) ③ (3) ①

7 (1) 선포 (2) 노발대발 (3) 쇠락

독해 학습

1 이 글은 임칙서가 영국 상인들의 아편을 몰수하면서 아편 전쟁이 일어나는 과정을 다루고 있습니다.

2 임칙서는 영국 상인에게 아편을 빼앗아 팔지 못하도록 모두 없애버렸습니다.

3 아편 전쟁은 영국과 청나라 사이의 전쟁이었습니다. 프랑스나 미국 같은 나라들은 청나라 편을 들지 않았습니다.

4 아편은 일단 피우기 시작하면 끊기가 매우 어려웠고, 아편을 구하려고 끔찍한 범죄를 저지르는 사람도 있을 정도였습니다. 그래서 청나라 황제는 아편을 금지하기로 했습니다.

5 1800년대, 영국 상인들은 청나라에 중독성이 강한 마약인 ① 아편을 팔았습니다. 청나라 사람들이 아편에 중독되자 황제는 아편을 뿌리 뽑으려 하였고, 청나라의 관리 ② 임칙서가 나서서 영국 상인들의 아편을 모두 빼앗아 없애버렸습니다. 그러자 영국은 청나라에 전쟁을 선포했고, 1840년에 ③ 아편 전쟁이 일어났습니다. 청나라는 아편 전쟁에서 패배한 뒤 쇠락하기 시작했습니다.

02 홍수전, 태평천국을 세우다

본문 14~17쪽

독해 학습

1 ③   2 ③

3 (1) X (2) X (3) ○ (4) ○   4 ②

5 ① 태평천국 ② 홍수전

어휘 학습

6 (1) ② (2) ① (3) ③   7 (1) ① (2) ②

독해 학습

1 자신이 하느님의 계시를 받았다고 말하며 태평천국을 세운 청나라의 선비 홍수전에 관한 글입니다.

2 홍수전은 꿈속에서 자신을 아들이라 부르는 노인을 만나 칼 한 자루를 받았습니다.

3 (1) 청나라가 군대를 새롭게 꾸려서 태평천국을 멸망시켰습니다.
(2) 홍수전을 비롯한 태평천국의 지도자들은 권력 다툼을 벌이다가 서로 죽고 죽이며 힘을 낭비했습니다.

4 홍수전의 말에 귀를 기울인 사람들은 대부분 가난과 굶주림에 오래 시달린 농민이었습니다. 이들은 홍수전이 자신들을 가난에서 구해 줄 구원자라고 생각했습니다.

5 ① 태평천국은 1851년, 청나라의 선비인 ② 홍수전이 건국한 나라입니다. 홍수전은 자신이 하느님의 계시를 받았다고 하며, 하느님의 지상천국을 세우겠다고 했습니다. 태평천국은 한때 양쯔강 주변의 넓은 땅을 지배할 정도로 세력이 강했지만, 13년 만에 멸망했습니다.

어휘 학습

7 (1) 여기서 '과거'는 관리가 되기 위해 치르던 시험을 의미합니다.
(2) 여기서 '과거'는 이미 지나간 일이나 때를 의미합니다.

03 서태후, 청나라를 쥐락펴락하다

본문 18~21쪽

독해 학습

1 서태후
2 ①, ②, ③
3 ②
4 ②, ④
5 ① 서태후 ② 청나라

어휘 학습

6 (1) ③ (2) ① (3) ②
7 (1) ① (2) ②

독해 학습

1 이 글은 청나라의 권력을 장악하고 사치를 일삼았던 서태후에 대해 다루고 있습니다.

2 서태후는 청나라 황제의 어머니로, 나라의 권력을 쥐고 죽을 때까지 호화로운 생활을 누렸습니다. 자신이 머무는 이화원을 호화롭게 꾸미려고 나랏돈을 빼돌리기도 했습니다.

3 황제가 세상을 떠나자, 서태후는 황제의 어린 사촌 동생을 새로 황제로 앉히고 자신이 권력을 잡았습니다.

4 서태후는 나랏돈을 들여서 황실 별장 이화원을 화려하게 꾸미고 이 곳에 머물며 온갖 사치를 일삼았습니다.

오답 피하기

① 서태후가 다스리는 동안 청나라는 손쓸 수 없을 정도로 망가졌습니다.
③ 이곳은 적의 침입을 막는 요새가 아니라 황실의 별장입니다.

5 청나라에 어린 황제가 즉위하자, 황제의 어머니인 ① 서태후가 나랏일을 맡아 보았습니다. 권력을 쥐게 된 서태후는 사치를 일삼으며 나랏돈을 마구 낭비했습니다. 결국 서태후가 세상을 떠난 지 얼마 되지 않아 ② 청나라는 멸망했습니다.

어휘 학습

7 (1) '하는 일에 대한 보수가 적다'는 문장이므로 여기서 '보수'는 일한 대가로 주는 돈이나 물품을 의미합니다.
(2) 벽이 금이 간 아파트를 고쳐야 하는 상황이므로, 여기서 '보수'는 건물이나 시설의 낡은 부분을 손보아 고친다는 뜻으로 쓰였습니다.

04 페리 제독의 검은 배, 일본의 문을 열다

본문 22~25쪽

독해 학습

1 일본, 미국
2 ③
3 ④
4 ③
5 ① 페리 ② 일본

어휘 학습

6 (1) ③ (2) ① (3) ②
7 ④

독해 학습

1 일본은 미국의 페리 제독이 배를 끌고 와 위협한 사건을 계기로 나라의 문을 열고 외국과 교류하게 됩니다.

2 페리 제독은 배에서 대포를 쏴서 일본 사람들에게 겁을 주었습니다.

오답 피하기

① 페리는 미국의 제독이었습니다.
② 겁에 질려 도망간 건 일본 사람들입니다.
④ 페리는 미국 정부의 명령을 받고 일본에 왔습니다.

3 일본은 미국에서 태평양을 건너면 바로 보이는 곳이라, 미국 배가 쉬었다 가기 좋았습니다.

4 일기에서 말하고 있는 새카만 배는 미국의 페리 제독이 타고 온 배입니다.

5 미국 정부의 명령을 받은 ① 페리 제독은 새카만 배를 타고 일본에 나타나 대포를 쏘며 나라의 문을 열라고 요구했습니다. 일본은 나라의 문을 열기로 결정했고, 뒤이어 영국과 러시아, 프랑스 등 여러 나라가 ② 일본과 교역을 시작했습니다.

어휘 학습

7 안성맞춤은 조건이나 상황이 어떤 경우에 딱 맞는 경우에 쓰입니다. '허름하고 버려진 지 오래'인 집의 조건은 공포 영화를 찍는 경우에 딱 맞으므로, 이 경우에 쓸 수 있습니다.

05 이와쿠라 사절단, 메이지 유신을 이끌다

본문 26~29쪽

독해 학습

1 ④   2 (1) ○ (2) X (3) X (4) ○
3 ④   4 ③
5 ① 이와쿠라 ② 메이지 유신

어휘 학습

6 (1) ② (2) ① (3) ③
7 (1) 시행 (2) 이바지 (3) 비결

독해 학습

1 이 글은 이와쿠라 사절단의 여행 이후, 메이지 유신을 실시해 일본이 나라를 서양식으로 새롭게 바꾸는 모습을 보여주고 있습니다.

2 (2) 이와쿠라 사절단은 머리부터 발끝까지 서양식으로 바꿔야 한다고 말했습니다.
(3) 사절단의 이름은 당시 사절단에 참여한 대표의 이름을 따서 지었습니다.

3 이와쿠라 사절단은 일본이 서양의 발전된 법과 제도를 배우기 위해 파견한 사절단입니다.

4 일본 사람들은 서양 사람처럼 머리를 짧게 깎고, 양복 차림에 구두를 신고 고기와 빵을 즐겨 먹기 시작했습니다.

5 나라의 문을 연 일본은 강국으로 거듭나기 위해 ① 이와쿠라 사절단을 외국에 보내서 산업화의 비결을 알아오게 했습니다. 사절단은 약 2년에 걸쳐서 유럽의 주요 나라를 돌아보았고, 이들은 돌아온 뒤 일본은 나라의 모든 것을 서양식으로 바꾸는 ② 메이지 유신을 실시했습니다. 메이지 유신으로 인해 일본은 아시아에서 제일 먼저 산업화를 이루고 급속도로 발전했습니다.

2주

06 일본, 아시아 제일의 나라로 우뚝 서다

본문 32~35쪽

독해 학습

1 승리, 강대국   2 ③
3 ④   4 ④
5 ① 러시아 ② 러일전쟁

어휘 학습

6 (1) ② (2) ③ (3) ①   7 (1) 침몰 (2) 난처하다

독해 학습

1 일본은 러일전쟁에서 승리한 후 아시아 제일의 강대국으로 거듭났습니다.

2 일본이 먼저 러시아 군함이 머무는 중국 앞바다에 나타나서 러시아 함대를 향해 포탄을 쏘았고, 이로써 러일전쟁이 시작되었습니다.

3 러일전쟁이 시작됐을 때 러시아의 군대는 대부분 일본에서 먼 유럽 쪽에 있었습니다. 그래서 러시아 함대들이 대한 해협까지 오는 데에만 몇 달은 걸렸습니다.

4 러일전쟁 이후 영국은 일본과 가까이 지내게 되었고, 미국도 일본 편에 섰습니다.

5 메이지 유신에 성공한 이후 일본은 강한 나라가 되었고, 이웃한 조선을 노리기 시작했습니다. 조선은 북쪽의 강대국인 ① 러시아에 도움을 요청했고, 그러자 일본이 러시아를 공격해 전쟁이 터졌습니다. 이 전쟁이 ② 러일전쟁입니다. 일본은 러일전쟁에서 승리했고, 이후 일본은 서양 여러 나라와 어깨를 나란히하는 강국이 되었습니다.

07 아문센, 인류 최초로 남극점에 도달하다

독해 학습

1 ③   2 ①

3 (1) ○ (2) X (3) ○ (4) X   4 ③

5 아문센

어휘 학습

6 (1) ③ (2) ① (3) ②   7 변화무쌍

독해 학습

1 이 글은 세계 최초로 남극점에 발을 딛은 탐험가 아문센의 탐험 이야기를 다루고 있습니다.

2 아문센은 어렸을 적부터 탐험가들이 쓴 책을 읽으면서 탐험가를 꿈꿨습니다.

3 (2) 1800년대에는 나라들 사이에서 오지 탐험이 크게 유행했습니다.
(4) 아문센은 북극에 사는 원주민의 가죽옷을 입고 남극점 탐험에 도전했습니다.

4 아문센은 비행사 자격증이 아니라, 남극까지 배를 몰기 위해 선장 자격증을 땄습니다.

5 노르웨이의 탐험가 아문센은 어렸을 적부터 남극점 정복을 꿈꾸었습니다. 어른이 된 아문센은 북극의 원주민들을 연구하며 오랫동안 준비한 끝에 남극점 탐험에 나섰고, 탐험을 떠난 지 56일 만에 세계 최초로 남극점에 도달하는 데 성공했습니다.

어휘 학습

7 변화무쌍은 '변하는 정도가 아주 심하다'는 뜻입니다. 어머니는 배우가 작품마다 나오는 모습이 매우 달라서 다른 사람처럼 보이는 모습을 보고 감탄하고 있으므로, '변화무쌍'이란 말을 쓰기에 알맞은 상황입니다.

---

08 최초로 세계 대전이 일어나다

본문 40~43쪽

독해 학습

1 오스트리아, 세계 대전   2 ③

3 ②   4 ②

5 ① 세계 대전 ② 세르비아

어휘 학습

6 (1) ② (2) ③ (3) ①   7 (1) 낌새 (2) 배웅 (3) 부당

독해 학습

1 오스트리아 황태자 암살 사건을 계기로 최초의 세계 대전이 시작되었습니다.

2 오스트리아 황태자 부부는 칼이 아니라, 세르비아 청년이 쏜 총에 맞아서 목숨을 잃었습니다.

3 세르비아 사람들은 오스트리아가 자신들의 영토를 부당하게 점령했다고 생각했습니다. 그래서 오스트리아 황태자 부부를 암살해 자신들의 불만을 세상에 알릴 생각이었습니다.

4 세계 대전이 터지자, 유럽 사람들은 처음에는 전쟁을 반겼습니다. 모두들 전쟁은 금방 끝날 것이고, 자기 나라가 쉽게 이길 거라 믿었기 때문입니다.

오답 피하기

③ 당시 유럽에는 큰 전쟁을 겪은 사람이 없어서, 전쟁이 얼마나 끔찍한지 알지 못했습니다.

5 이 글은 제1차 ① 세계 대전에 대해 다루고 있습니다. 제1차 세계 대전은 1914년부터 4년 동안 벌어진 전쟁으로, 오스트리아 황태자 암살 사건을 계기로 오스트리아가 ② 세르비아를 공격하며 시작됐습니다. 이 전쟁에 러시아, 독일, 영국, 프랑스 등 유럽의 주요 국가가 끼어들면서 세계 여러 나라를 아우르는 세계 대전으로 커진 것입니다.

09 수많은 목숨을 빼앗은 제1차 세계 대전

본문 44~47쪽

독해 학습

1 ③   2 ①

3 ③   4 ②

5 ① 세계 대전 ② 참호전 ③ 총력전

어휘 학습

6 (1) ① (2) ③ (3) ②   7 ③

독해 학습

1 이 글은 제1차 세계 대전 당시 참혹했던 참호전의 현장 모습을 전달하고 있습니다.

2 제1차 세계 대전에서는 수백만 명이 목숨을 잃었습니다. 사람이 너무 많이 죽어서, 나라마다 길거리에서 젊은이를 보기가 어려울 정도였습니다.

3 이 사진은 제1차 세계 대전에 등장한 신무기인 탱크의 모습입니다. 유럽 여러 나라들은 적의 참호를 빼앗을 방법을 궁리하다가 탱크를 만들어 냈습니다.

오답 피하기

① 탱크는 적의 총알에도 끄떡없는 무기였습니다.
② 탱크는 제1차 세계 대전 때 새롭게 등장한 무기입니다.
④ 탱크와 같은 신무기를 동원해도 참호전에서 벗어나기는 쉽지 않았습니다.

4 제1차 세계 대전은 4년 동안 이어졌고, 그동안 수없이 많은 사람이 목숨을 잃었습니다.

5 이 글은 끔찍했던 제1차 ① 세계 대전에 대해 다루고 있습니다. 제1차 세계 대전은 유럽에서 일어났고, 이 전쟁에 참여한 여러 나라들은 서로의 참호를 뺏고 빼앗는 ② 참호전을 반복했습니다. 전쟁은 쉽게 끝나지 않았고, 모두들 전쟁의 승리를 위해 나라의 모든 힘을 쏟아붓는 ③ 총력전을 벌였습니다. 전쟁으로 수천만 명이 목숨을 잃자, 유럽 사람들은 전쟁의 무서움을 깨닫게 되었습니다.

어휘 학습

7 '아비규환'은 갑작스러운 지진처럼 전쟁이나 사고, 재해 등이 발생한 참혹한 상황을 가리킬 때 쓰는 말입니다.

10 레닌, 러시아 혁명을 이끌다

본문 48~51쪽

독해 학습

1 러시아 혁명   2 ①, ②, ④

3 (1) X (2) ○ (3) ○   4 ①

5 ① 레닌 ② 소련

어휘 학습

6 (1) ③ (2) ① (3) ②   7 (1) 분노 (2) 임시 (3) 지원

독해 학습

1 러시아가 1917년 러시아 혁명을 통해 세계 최초로 노동자와 농민이 주인인 사회주의 국가로 거듭나는 과정을 다룬 글입니다.

2 레닌은 러시아의 혁명가입니다. 러시아 혁명을 이끌었고, 공산당이 러시아의 권력을 잡아야 평화가 찾아온다고 주장했습니다.

오답 피하기

③ 레닌은 러시아 공산당을 만들었습니다. 공산당은 부자가 아니라, 노동자와 농민이 나라의 주인이 돼야 한다고 생각하는 사람들의 모임입니다.

3 (1) 러시아 국민들은 전쟁을 멈추라며 혁명을 일으켰습니다.

4 러시아 혁명이 일어난 후 러시아는 소련이라는 새로운 이름으로 불리게 됩니다.

5 제1차 세계 대전이 오래 계속되면서 러시아 국민들의 삶이 힘들어지자, 러시아에서는 ① 레닌의 주도 아래 러시아 혁명이 일어났습니다. 그 결과 공산당이 러시아의 권력을 잡고 세계 최초의 사회주의 국가 ② 소련이 탄생했습니다.

11 포드, 자동차의 왕이 되다

본문 54~57쪽

독해 학습

1 ④

2 (1) ○ (2) ○ (3) ○ (4) X

3 ②

4 ②

5 ① 포드 ② 컨베이어 벨트

어휘 학습

6 (1) ② (2) ③ (3) ①

7 (1) 배치 (2) 인부

독해 학습

1 미국의 사업가였던 포드는 사치품이었던 자동차를 대량 생산하여 누구나 살 수 있게 가격을 크게 낮추었습니다.

2 (4) 포드는 자동차를 누구나 살 수 있게 만들었기 때문에 '자동차의 왕'이라 불렸습니다.

3 포드가 자동차 공장에 컨베이어 벨트를 들여오자, 자동차 한 대를 만드는 시간이 열 배나 빨라졌습니다.

오답 피하기

① 컨베이어 벨트가 도입된 후 자동차의 가격은 크게 떨어졌습니다.

③ 포드는 포드 999호가 경주 대회에서 우승을 차지한 뒤에 자신감을 얻어서 자동차 회사를 세웠습니다.

④ 포드 자동차는 다른 자동차보다 가격이 훨씬 쌌습니다.

4 포드가 대량 생산한 T형 포드는 다른 자동차보다 가격이 훨씬 쌌고, 미국에서만 1,500만 대가 팔릴 정도로 인기였습니다.

5 ① 포드는 누구나 자동차를 타는 세상을 꿈꾸었습니다. 자동차를 더 빨리 만들 방법을 고민하던 그는 도축장에 있는 ② 컨베이어 벨트 시스템을 자동차 공장에도 도입하기로 하였습니다. 덕분에 포드의 공장은 자동차를 열 배 빨리 만들어서 자동차 가격을 크게 낮추었고, 자동차는 누구나 살 수 있는 교통수단이 되었습니다.

12 간디, 인도의 독립을 외치다

본문 58~61쪽

독해 학습

1 간디

2 ④

3 (1) X (2) ○ (3) ○ (4) X

4 ③

5 ① 인도 ② 비폭력

어휘 학습

6 (1) ② (2) ③ (3) ①

7 사사건건

독해 학습

1 간디는 영국의 식민 지배에 맞서 비폭력·비협조 운동을 이끌며 인도의 독립을 위해 힘쓴 인물입니다.

2 간디는 영국인이 폭력을 쓴다고 해서 똑같이 폭력으로 맞서서는 안 되며, 평화로운 방법으로 영국에 맞서자고 말했습니다.

3 (1) 인도가 영국의 식민지였습니다.

(4) 영국은 평화롭게 독립 운동을 이끄는 간디를 처형할 수 없었습니다.

4 이 인터뷰에서 간디는 자신이 허름한 옷을 입고 직접 물레를 돌려서 옷을 만들어 입은 이유에 대해 말하고 있습니다. 그러므로 기자는 본인이 입을 옷을 직접 만들기로 한 이유에 대해 질문을 했을 것입니다.

5 영국은 식민지였던 ① 인도 사람들을 사사건건 차별했습니다. 화가 난 인도 사람들이 시위를 벌였지만 잔인하게 진압했습니다. 하지만 간디는 폭력으로 맞서는 대신, 영국을 돕지 않고 직접 옷을 지어 입는 등 ② 비폭력·비협조 운동을 실천하였습니다. 전 세계 많은 사람들이 간디의 평화로운 독립운동 방법에 감탄했고, 간디는 전 세계 사람들이 존경하는 인물이 되었습니다.

어휘 학습

7 '해당되는 모든 일마다'라는 뜻으로 쓰이는 사자성어는 '사사건건'입니다. 누군가 하는 일에 대해 하나하나 묻고 따지는 상황을 표현할 때 쓰기에 알맞습니다.

13 에어하트, 여성 비행사 최초로 대서양을 횡단하다

본문 62~65쪽

독해 학습

1 ③　　　　　　　　**2** ④

3 (1) X (2) ○ (3) X (4) X　**4** 대서양

5 에어하트

어휘 학습

6 (1) ① (2) ② (3) ③　　**7** ③

독해 학습

1 에어하트는 여성 최초로 대서양 단독 횡단 비행에 도전하여 성공하였습니다.

2 에어하트는 미국에서 손꼽히는 숙련된 비행사였습니다.

3 (1) 에어하트가 살던 시대에는 여성 비행사가 무척 드물었습니다.
(3) 에어하트가 대서양을 횡단했다는 소식은 순식간에 전 세계로 퍼져 나갔습니다.
(4) 에어하트는 대서양을 횡단하며 갖은 어려움에 부딪혔습니다. 폭풍우와 기류 변화를 만나 비행기가 심하게 흔들리기도 하고, 엔진에서 연기가 피어오르기도 했습니다.

4 빈칸에 들어갈 이름은 에어하트가 횡단하는 데 성공한 바다의 이름입니다. 이 바다의 이름은 '대서양'입니다.

5 미국 비행사였던 에어하트는 여성 최초로 대서양을 단독 횡단하였습니다. 에어하트의 도전과 성공은 전 세계 여성들에게 용기를 심어주었습니다.

어휘 학습

7 '이륙'은 비행기 등이 날기 위해 땅에서 떠오른다는 뜻입니다. 이미 하늘을 나는 비행기가 날기 위해 땅에서 떠오른다는 표현은 적절하지 않습니다.

14 디즈니, 애니메이션의 역사를 새로 쓰다

본문 66~69쪽

독해 학습

1 디즈니　　　　　　**2** ③, ④

3 ①　　　　　　　　**4** ②

5 ① 백설 공주 ② 디즈니랜드

어휘 학습

6 (1) ① (2) ③ (3) ②　　**7** (1) ② (2) ①

독해 학습

1 이 글은 미국의 만화가이자 사업가인 디즈니에 대해 다루고 있습니다. 디즈니는 끊임없는 도전을 통해 애니메이션의 새 역사를 쓴 인물입니다.

2 디즈니는 세계 최초로 소리가 나는 애니메이션을 만들었고, 세계 최초의 테마파크 '디즈니랜드'를 만들었습니다.
오답 피하기
① 디즈니는 미국의 만화가이자 사업가입니다.
② 디즈니는 애니메이션 제작에 관심이 많았습니다.

3 디즈니는 앞으로 흑백 영화가 사라지고 컬러 영화 시대가 펼쳐질 것이라고 생각했습니다. 그래서 컬러 애니메이션 제작을 시도했습니다.

4 디즈니가 만든 〈증기선 윌리〉는 세계 최초로 소리가 나오는 애니메이션으로, 주인공은 미키 마우스입니다.
오답 피하기
① ② ③ 디즈니의 또다른 작품인 〈백설 공주〉에 관한 설명입니다.

5 월트 디즈니는 다양한 시도 끝에 세계 최초로 소리가 나오는 애니메이션 〈증기선 윌리〉, 세계 최초의 장편 컬러 애니메이션 〈① 백설 공주〉, 세계 최초의 테마파크 ② 디즈니랜드를 만들었습니다. 디즈니랜드는 전 세계 수천만 명이 찾는 인기 관광지가 되었습니다.

어휘 학습

7 (1) 여기에서 '개봉'은 새 영화를 처음으로 관객에게 선보인다는 뜻으로 사용됐습니다.
(2) 여기에서 '개봉'은 봉하여 두었던 것을 떼거나 연다는 뜻으로 쓰였습니다.

15 루스벨트, 대공황을 극복하기 위해 노력하다

본문 70~73쪽

독해 학습

1 ④   2 ③

3 ③   4 ③

5 ① 대공황 ② 뉴딜

어휘 학습

6 (1) ③ (2) ② (3) ①   7 ①

독해 학습

1 이 글은 미국의 대통령 루스벨트가 경제 대공황을 해결하기 위해 뉴딜 정책을 펼치는 내용의 글입니다.

2 루스벨트는 미국의 경제 위기를 극복하기 위해 정부가 직접 나서야 한다고 주장했습니다.

3 루스벨트는 미국 곳곳에 고속도로와 댐을 짓는 등 큰 공사를 벌였습니다. 공사를 하려면 일꾼이 많아야 하니, 이렇게 하면 실업자들에게 일자리를 제공할 수 있기 때문입니다.

4 경제 대공황을 해결할 방법을 두고 사람들은 서로 의견이 달랐습니다. 정부가 나서서 위기를 해야 한다는 사람들과 경제는 복잡하기 때문에 정부가 함부로 나서면 안 된다고 주장하는 사람들로 나뉘었습니다.

5 1930년대 미국의 경제 위기가 전 세계로 퍼지며 경제 ① 대공황이 일어났습니다. 미국의 대통령이었던 루스벨트는 경제 위기 극복을 위해 정부가 직접 나서야 한다고 주장하며 ② 뉴딜 정책을 내놓았습니다. 덕분에 많은 실업자들이 일자리를 얻으며 미국은 경제 위기를 극복할 수 있었습니다.

어휘 학습

7 영화도 보고 영어 공부도 함께 해결하는 상황이므로 동시에 두 가지 이득을 본다는 뜻의 '일석이조'를 사용할 수 있습니다.

16 히틀러, 제2차 세계 대전을 일으키다

본문 76~79쪽

독해 학습

1 ①   2 (1) ○ (2) ○ (3) X (4) X

3 ④   4 ④

5 ① 히틀러 ② 세계 대전

어휘 학습

6 (1) ③ (2) ② (3) ①   7 (1) 물가 (2) 저지

독해 학습

1 독일의 정치인 히틀러가 이웃 나라들을 침략해 제2차 세계 대전이 일으키는 과정을 그려낸 글입니다.

2 (3) 히틀러는 독일의 전쟁 배상금을 모두 갚아주지 않았습니다.
(4) 히틀러는 프랑스의 경고를 받았지만 침략을 멈추지 않았습니다.

3 독일이 폴란드를 침공하자, 영국과 프랑스가 이에 맞서면서 제2차 세계 대전이 시작됐습니다.

4 히틀러는 반란을 일으키지 않았고, 투표를 통해서 독일 최고의 지도자로 뽑혔습니다.

5 나치당을 이끄는 정치인 ① 히틀러는 뛰어난 연설 실력으로 독일 사람들의 마음을 사로잡았습니다. 1933년, 히틀러는 투표를 통해 독일 최고의 지도자가 되었습니다. 히틀러는 강력한 군대를 키워 주변 나라들을 하나둘 집어 삼켰습니다. 그러다 히틀러가 폴란드를 침략하자, 영국과 프랑스가 맞서며 제2차 ② 세계 대전이 일어났습니다.

17 스탈린, 히틀러와 결전을 벌이다

본문 80~83쪽

독해 학습

1 ①   2 ①, ③

3 ④   4 ①

5 ① 스탈린 ② 스탈린그라드

어휘 학습

6 (1) ① (2) ③ (3) ②   7 (1) 몰락 (2) 조국 (3) 결사

독해 학습

1 이 글은 소련이 독일의 침략에 치열하게 맞서 싸우는 과정을 그리고 있습니다.

2 스탈린은 소련의 지도자로, 독일의 공격을 막아냈습니다.

오답 피하기

② ④ 세계 정복을 꿈꾸며 제2차 세계 대전을 일으킨 것은 스탈린이 아니라 독일의 지도자 히틀러입니다.

3 히틀러는 스탈린과 싸우지 않기로 약속했지만, 독일군이 너무 쉽게 승리를 거듭하자 소련도 쉽게 이길 수 있을 거라 생각하여 소련을 공격했습니다.

4 독일의 히틀러가 먼저 소련의 스탈린에게 서로 싸우지 말자고 제안했습니다.

5 독일의 히틀러는 소련의 ① 스탈린과 서로 공격하지 않겠다는 조약을 맺었습니다. 그런데 독일군이 서유럽 국가들을 손쉽게 점령하자, 히틀러는 스탈린과의 약속을 깨고 소련의 수도 모스크바를 공격하였습니다. 소련은 ② 스탈린그라드에서 독일의 공격을 막아냈습니다.

18 안네, 유대인 탄압의 역사를 기록으로 남기다

본문 84~87쪽

독해 학습

1 독일이   2 ④

3 ④   4 ②

5 ① 홀로코스트 ② 유대인

어휘 학습

6 (1) ② (2) ③ (3) ①   7 ④

독해 학습

1 히틀러가 다스리는 독일이 유럽의 유대인 수백만 명을 잡아 무자비하게 죽였습니다.

2 안네는 수용소에서 세상을 떠났습니다. 하지만 안네가 쓴 일기는 오늘날까지 남아서 독일의 만행을 알리고 있습니다.

3 히틀러와 나치당은 유대인을 싫어했습니다. 유대인 중에서는 사업에 성공한 부자나 지식인들이 많았는데, 그들이 높은 자리에 앉아 독일 사람들의 이익을 빼앗고 있다고 생각했기 때문입니다.

4 유대인은 자기 나라가 없어서 유럽 곳곳에 흩어져 살던 민족으로, 유럽 사람들과 믿는 종교도 다르고 문화도 달랐습니다.

5 독일은 ① 홀로코스트를 일으켜 ② 유대인 수백만 명을 학살했습니다. 유대인 소녀 안네는 일기장에 자신이 겪은 일을 기록했습니다. 안네의 가족은 독일의 유대인 탄압을 피해 은신처에 숨었지만, 결국 붙잡혀 수용소로 끌려갔습니다. 안네는 수용소에서 죽음을 맞이했지만, 안네가 쓴 일기는 오늘날까지 남아 독일의 만행을 전해주고 있습니다.

어휘 학습

7 '고발'은 감춰져 있던 잘못이나 사실을 드러내서 알릴 때 쓸 수 있는 낱말입니다.

19 일본, 태평양 전쟁을 일으키다

본문 88~91쪽

독해 학습

1 태평양　　　　　2 ①
3 ②　　　　　　　4 ①
5 ① 진주만　② 원자 폭탄

어휘 학습

6 (1) ②　(2) ①　(3) ③　　7 (1) 송두리째　(2) 전함

독해 학습

1 일본이 진주만에 있는 미군 해군 기지를 공습하여 태평양 전쟁이 일어나는 과정을 그린 글입니다.

2 태평양 전쟁은 일본의 항복으로 끝났습니다.

3 미국 군인들은 일본의 공습을 예상하지 못했고, 그래서 갑작스런 폭격으로 큰 피해를 입었습니다.

4 원자 폭탄은 미국이 태평양 전쟁을 끝내버리기 위해 사용한 신무기입니다.

5 1941년, 일본이 하와이 ① 진주만에 있는 미군 기지를 기습했습니다. 기습에 성공한 일본은 태평양과 동남아시아를 장악했습니다. 이에 화가 난 미국은 일본의 침략에 맞서 4년간 전쟁을 치렀습니다. 미국이 일본에 ② 원자 폭탄을 떨어뜨려 일본의 항복을 받아내며 태평양 전쟁은 끝이 났습니다.

20 연합군의 승리로 제2차 세계 대전이 끝나다

본문 92~95쪽

독해 학습

1 ②　　　　　　　2 (1) ○　(2) X　(3) X
3 ①　　　　　　　4 노르망디
5 ① 연합군　② 세계 대전

어휘 학습

6 (1) ①　(2) ②　(3) ③
7 (1) 낙하산　(2) 독 안에 든 쥐　(3) 결정타

독해 학습

1 이 글은 제2차 세계 대전이 끝날 무렵, 연합군의 승리를 이끈 노르망디 상륙 작전에 대해 다루고 있습니다.

2 (2) 제2차 세계 대전은 독일의 패배로 끝이 났습니다.
(3) 독일은 연합군의 작전을 눈치 채고 해안에 요새를 만들어, 연합군의 침략에 대비하였습니다.

3 이 사진은 노르망디 해안에 막 도착한 연합군의 모습을 담고 있습니다. 노르망디 해안에 도착한 연합군은 독일군에 항복하지 않고, 파도를 뚫고 해안을 향해 맹렬하게 달려 나갔습니다.

4 연합군은 1944년 6월 6일 새벽, 프랑스의 노르망디에서 상륙 작전을 펼쳤습니다.

5 독일과 일본을 물리치기 위해 미국, 영국, 프랑스, 소련, 중국 등 여러 나라들이 힘을 합쳐 ① 연합군을 만들었습니다. 연합군은 프랑스 해안에 상륙하는 노르망디 상륙 작전을 펼쳤습니다. 연합군과 독일과의 치열한 전투 끝에 히틀러가 죽고, 결국 독일이 연합군에 항복하였습니다. 이로써 오랜 시간 이어졌던 제2차 ② 세계 대전이 막을 내렸습니다.

21 베트남의 영원한 사랑, 호찌민

본문 98~101쪽

독해 학습

1 베트남, 독립   **2** ③

3 ④   **4** ②

5 ① 호찌민 ② 베트남

어휘 학습

6 (1) ① (2) ③ (3) ②   **7** ①

독해 학습

1 베트남의 지도자였던 호찌민은 베트남 독립 운동에 앞장서며 베트남 사람들을 위해 헌신한 인물입니다.

2 아이들은 호찌민을 '호 아저씨'라고 부르며 잘 따랐습니다.

3 호찌민은 굶주리고 있는 베트남 사람들을 생각하며 밥상에 반찬을 세 가지 이상 올리지 말라고 부하에게 명령하였습니다.

4 호찌민은 죽음 앞에서도 자신보다 베트남 사람들을 먼저 생각했습니다. 그래서 자신이 죽고 난 후에도 자신을 찾아올 사람들을 생각해 무덤에 작은 집 하나를 지으란 유언을 남겼습니다. 베트남 사람들은 호찌민의 죽음을 진심으로 슬퍼하며, 많은 베트남 사람들이 호찌민의 무덤을 찾았습니다.

5 '호 아저씨'로 불리던 ① 호찌민은 베트남 독립운동에 앞장서며 프랑스로부터 독립을 얻어낸 인물입니다. 호찌민은 이후 ② 베트남의 지도자가 되어 베트남 사람들의 존경과 사랑을 받았습니다.

어휘 학습

7 '남녀노소'는 '모든 사람'이라는 뜻입니다. 남자 화장실은 모든 사람이 아니라, 남자만 이용 가능합니다.

22 로자 파크스, 인종 차별에 저항하다

본문 102~105쪽

독해 학습

1 흑인, 거부   **2** ①

3 (1) X (2) ○ (3) ○ (4) ○ **4** ④

5 ① 차별 ② 로자 파크스

어휘 학습

6 (1) ② (2) ① (3) ③

7 (1) 유죄 (2) 불합리 (3) 인종

독해 학습

1 흑인 여성 로자 파크스는 백인에게 자리를 양보하라는 버스 운전사의 명령을 거부하여 체포되었습니다.

2 로자 파크스는 미국의 인종 분리법에 저항하여 맞서 싸운 인물입니다.

3 (1) 피부색이 다르다는 이유로 차별받은 것은 백인이 아니라 흑인입니다.

4 로자 파크스의 체포에 항의하는 뜻에서 수많은 흑인이 300일 넘게 버스를 타지 않았습니다. 그 결과 1956년 버스 내에서의 인종 분리법은 폐지되었습니다.

5 1950년대 미국 남부는 인종 ① 차별이 심했습니다. 미국의 버스는 인종 분리법에 따라 백인이 앉는 좌석과 흑인이 앉는 좌석이 따로 분리되어 있었습니다. 흑인 여성 ② 로자 파크스는 버스 기사의 요구에도 불구하고 백인에게 자리를 양보하지 않았다는 이유로 유죄 판결을 받았습니다. 로자 파크스의 이야기를 들은 흑인들은 분노하였고, 버스 승차 거부 운동을 벌여 결국 인종 분리법은 폐지되었습니다.

23 마오쩌둥, 참새를 잡다가 재앙을 부르다

본문 106~109쪽

독해 학습

1 ②, ③　　　　　2 ①

3 ③　　　　　　4 ③

5 ① 마오쩌둥　② 대약진 운동

어휘 학습

6 (1) ②　(2) ①　(3) ③

7 (1) 이듬해　(2) 재앙　(3) 기승

독해 학습

1 마오쩌둥은 중국의 농촌을 살릴 방법을 고민하다가 곡식을 빼앗아먹는 참새를 잡아들이라고 명령했습니다. 하지만, 참새가 사라지자 오히려 더 큰 피해가 생겼습니다.

2 마오쩌둥은 참새 소탕 작전을 통해 중국의 농촌을 배고픔에서 해방시키려 했지만, 오히려 흉년이 들어 많은 사람들이 굶어 죽었습니다.

3 참새는 곡식 낟알을 쪼아 먹어서 농사를 방해하는 새였습니다. 마오쩌둥은 그래서 참새를 모두 잡아 없애야 한다고 생각했습니다.

4 마오쩌둥은 대약진 운동을 통해 중국의 농촌을 살리려 했습니다.

5 중국의 지도자였던 ① 마오쩌둥은 중국의 경제를 성장시키기 위해 ② 대약진 운동을 시작했습니다. 마오쩌둥은 농촌을 살리기 위해 곡식을 쪼아 먹는 참새들을 모두 없애라고 명령을 내렸습니다. 하지만 참새가 사라지자, 참새의 먹이었던 메뚜기, 모기, 파리떼가 들끓으며 오히려 흉년이 들었습니다. 결국 수많은 농민이 굶어 죽고 말았습니다.

24 닐 암스트롱, 인류 최초로 달에 가다

본문 110~113쪽

독해 학습

1 ①, ③　　　　　2 ③

3 ④　　　　　　4 ①

5 ① 닐 암스트롱　② 달

어휘 학습

6 (1) ②　(2) ①　(3) ③　　　7 (1) 굉음　(2) 화염　(3) 관제

독해 학습

1 미국의 닐 암스트롱은 우주선 아폴로 11호를 타고 인류 최초로 달에 발을 디뎠습니다.

2 닐 암스트롱은 미국의 우주 비행사로, 처음으로 달에 발을 디딘 인물입니다. 최초로 인간이 탄 우주선을 우주에 쏘아 보낸 것은 미국이 아니라 소련입니다.

3 닐 암스트롱이 달에 간 것은 제2차 세계 대전 이후 소련과 미국이 치열한 우주 탐험 경쟁을 벌이고 있었기 때문입니다.

4 닐 암스트롱은 달에 착륙하기까지 갖가지 어려움을 겪었습니다. 하지만 달에 무사히 착륙할 때까지 관제 센터와는 계속 이야기를 주고받았습니다.

5 미국의 우주 비행사였던 ① 닐 암스트롱은 인류 최초로 ② 달에 발을 디뎠습니다. 아폴로 11호의 달 착륙은 인류의 진보를 상징하는 역사적인 사건이 되었습니다.

25 대처, 영국의 자존심을 지켜내다

본문 114~117쪽

독해 학습

1 영국, 승리　　　　2 ①, ②
3 ④　　　　　　　4 ③
5 ① 대처　② 철의 여인

어휘 학습

6 (1) ③ (2) ② (3) ①　　7 (1) 침공　(2) 타협

독해 학습

1 아르헨티나가 영국의 식민지였던 포클랜드 제도를 침공하자, 영국의 총리였던 대처가 이에 맞서 싸웠습니다. 대처는 전쟁에서 승리하여 포클랜드 제도를 지켜냈습니다.

2 대처는 영국 최초의 여성 총리로, 철의 여인이라는 별명을 가진 인물입니다.

오답 피하기

③ 대처는 평범한 집안에서 태어났습니다.
④ 대처는 아르헨티나의 침략에 전쟁으로 맞서 승리했습니다.

3 영국은 아르헨티나를 격파하고 포클랜드 제도를 되찾았습니다.

오답 피하기

① 포클랜드 제도는 아르헨티나 바로 앞에 있습니다.
② 대처가 영국을 다스릴 때, 영국은 경제 사정이 몹시 어려웠습니다.
③ 1976년 경제 위기로 국제 통화 기금에 돈을 빌린 것은 영국입니다.

4 대처는 영국의 땅인 포클랜드 제도를 지켜내기 위해 반격에 나섰습니다.

5 영국의 총리 ① 대처는 경제 위기에도 불구하고, 포클랜드 제도를 빼앗으려는 아르헨티나에게 전쟁으로 맞섰습니다. 3개월 만에 아르헨티나를 격파하고 포클랜드를 되찾은 대처는 '② 철의 여인'이라 불리며, 영국을 지켜낸 영웅이 되었습니다.

26 베를린 장벽이 무너지다

본문 120~123쪽

독해 학습

1 ③　　　　　　　2 ②
3 ②　　　　　　　4 ④
5 ① 냉전　② 독일　③ 베를린 장벽

어휘 학습

6 (1) ③ (2) ② (3) ①　　7 ①

독해 학습

1 이 글은 1989년, 베를린 장벽이 무너지며 동독과 서독이 다시 하나가 되는 과정을 그려내고 있습니다.

2 제2차 세계 대전 이후 독일은 둘로 나뉘었고, 독일의 수도인 베를린도 동베를린과 서베를린으로 나뉘었습니다. 동베를린과 서베를린 가운데에는 높다란 장벽이 놓였습니다.

오답 피하기

① 제2차 세계 대전 후 냉전이 시작됐습니다.
③ 독일은 동독과 서독으로 나뉘었습니다.
④ 베를린 사람들은 냉전 시대에 서로 마음대로 오갈 수 없었습니다.

3 사진 속 베를린 장벽은 높이가 3미터가 넘었습니다.

4 동독 주민의 자유로운 이주를 허락한다는 소식을 들은 사람들은 모두 베를린 장벽으로 몰려나왔습니다. 몰려나온 사람들은 망치를 들고 나와 장벽을 부쉈습니다.

5 제2차 세계 대전 이후 미국과 소련이 대립하는 ① 냉전 시대가 시작됐습니다. ② 독일은 소련 편인 동독과 미국 편인 서독으로 갈라졌고, 사람들은 장벽에 가로막혀 서로 마음대로 오갈 수 없었습니다. 그런데 1989년 9월, 동독과 서독 주민의 자유로운 이동이 허용되었고, ③ 베를린 장벽은 무너졌습니다.

어휘 학습

7 호들갑은 누군가 야단스러운 말이나 행동을 할 때 어울리는 낱말입니다. 갑자기 벌레가 나타난 상황에 어울립니다.

27 덩샤오핑, 중국을 세계의 공장으로 만들다

본문 124~127쪽

독해 학습

1 ②, ③   2 ①

3 ①   4 ③

5 ① 덩샤오핑 ② 세계의 공장

어휘 학습

6 (1) ③ (2) ② (3) ①   7 ②, ③

독해 학습

1 덩샤오핑이 나라를 개방하기로 결정하고, 외국의 투자를 받아서 중국을 세계의 공장으로 만드는 과정을 담은 글입니다.

2 덩샤오핑은 중국의 문을 활짝 열고, 외국과 교류하여 중국의 경제를 크게 성장시켰습니다.

3 덩샤오핑이 경제 개방을 실시하기 전까지 중국은 미국이나 유럽의 여러 나라들과 전혀 교류하지 않았습니다. 그러므로 중국 기업이 외국으로 진출한 일도 없었습니다.

4 '검은 고양이든 흰 고양이든 쥐만 잘 잡으면 된다.'는 말은 고양이의 색보다 쥐를 잡는 능력이 더 중요하듯, 경제 발전을 위해서는 수단을 가릴 필요가 없다는 뜻입니다.

5 중국은 한때 몹시 가난했습니다. 지도자 ① 덩샤오핑은 중국 경제를 살리기 위하여 나라를 개방하고 외국 기업에 많은 혜택을 주었습니다. 이후 중국은 온갖 제품을 만드는 ② 세계의 공장이 되었고, 세계적인 경제 강국으로 성장했습니다.

어휘 학습

7 '허심탄회'는 서로 숨기는 것 없이 알고 있는 모든 것을 말하는 상황이나, 무슨 이야기이든 이야기하는 사이를 표현하는 데에 어울리는 말입니다.

---

28 만델라, 인종 차별 없는 세상을 꿈꾸다

본문 128~131쪽

독해 학습

1 ②   2 ④

3 (1) X (2) X (3) ○ (4) ○   4 아파르트헤이트

5 ① 만델라 ② 남아프리카 공화국

어휘 학습

6 (1) ② (2) ③ (3) ①   7 (1) 중단 (2) 귀감 (3) 역경

독해 학습

1 이 글은 오랜 세월 흑인 인권을 위한 목소리를 낸 끝에 남아프리카 공화국의 인종 차별 정책을 없앤 인물 만델라에 대해 다루고 있습니다.

2 만델라는 감옥에 갇힌 상황에서도 시위를 이어나가는 흑인들이나, 남아프리카 공화국의 대통령에게 편지를 쓰며 인종 차별 중지를 요구했습니다.

오답 피하기

① 만델라는 노벨 평화상을 받았습니다.
② 만델라는 인종 차별에 반대했던 사람입니다.
③ 만델라는 종신형을 선고 받았지만, 27년 만에 감옥에서 풀려났습니다.

3 (1) 만델라가 감옥에 갇힌 후에도 흑인들은 시위를 계속했고, 만델라는 여전히 시위를 이어 나가는 흑인들에게 매일 편지를 썼습니다.
(2) 1950년대 남아프리카 공화국에서는 흑인 차별이 심각했습니다.

4 남아프리카 공화국의 인종 차별 정책을 '아파르트헤이트'라고 합니다.

5 오늘 다룬 인물은 ① 만델라입니다. 만델라는 ② 남아프리카 공화국의 인권 운동가로, 흑인 인권을 위해 목소리를 내다가 감옥에 갇혔지만 27년 동안 지치지 않고 인권 운동을 이어 나갔습니다. 그는 결국 남아프리카 공화국 최초의 흑인 대통령이 되었고, 인종 차별 정책 폐지를 이끌어낸 공을 인정받아서 노벨 평화상을 받았습니다.

29 호킹, 장애를 이겨내고 우주의 신비를 밝히다

본문 132~135쪽

독해 학습

1 ④

2 ①, ③, ④

3 ①

4 ②

5 ① 호킹 ② 블랙홀

어휘 학습

6 (1) ③ (2) ② (3) ①

7 (1) ① (2) ②

독해 학습

1 이 글은 젊은 시절 불치병에 걸려 장애를 얻었지만, 이를 극복하고 우주의 신비를 밝혀낸 과학자 호킹에 대해 다루고 있습니다.

2 호킹은 영국의 물리학자로, 영국의 옥스퍼드 대학교에서 물리학을 공부했습니다. 블랙홀을 비롯한 우주의 신비를 밝힌 과학자로 존경받는 사람입니다.

오답 피하기

② 호킹은 루게릭병에 걸렸지만 이를 극복한 인물입니다.

3 호킹은 루게릭병에 걸려서 길어야 2년 정도 살 수 있을 거란 이야기를 들었지만, 긍정적인 마음가짐으로 병을 극복하고 76세까지 살았습니다.

4 호킹은 불치병에 걸려 장애를 얻었지만, 누구보다 열심히 살려고 노력해서 훌륭한 업적을 남긴 인물입니다.

5 이 글은 스티븐 ① 호킹에 대해 다루고 있습니다. 호킹은 영국의 물리학자로, 루게릭병이라는 불치병에 걸렸지만 이를 극복하고 활발한 활동을 펼쳤습니다. 호킹은 특히 그동안 우주의 신비로만 남아 있던 ② 블랙홀의 특성을 밝혀냈습니다.

어휘 학습

7 (1) 여기에서 '매진'은 시험에 1등을 할 정도로 공부를 매우 열심히 해 나가겠다는 의미로 쓰였습니다.
(2) 여기에서 '매진'은 극장표가 하나도 남지 않고 모두 다 팔렸다는 의미로 쓰였습니다.

30 잡스, 혁신으로 세상을 바꾸다

본문 136~139쪽

독해 학습

1 ①, ③

2 ④

3 (1) X (2) X (3) ○ (4) X 4 ③

5 ① 잡스 ② 애플

어휘 학습

6 (1) ① (2) ② (3) ③

7 ②

독해 학습

1 잡스는 애플을 설립하여 누구나 쉽게 쓸 수 있는 컴퓨터를 개발한 인물입니다.

2 잡스는 언젠가 집집마다 컴퓨터를 한 대씩 갖추는 세상이 올 것이라고 생각했습니다. 그래서 컴퓨터 사업에 뛰어들어 애플 컴퓨터를 만들었습니다.

3 (1) 잡스가 아이폰을 만들기 전에도 스마트폰은 있었습니다.
(2) 애플 컴퓨터는 누구나 쓸 수 있고, 가격도 저렴한 개인용 컴퓨터였습니다.
(4) 잡스는 친한 친구와 함께 애플 컴퓨터를 만들었습니다.

4 잡스는 사람들이 같은 상품이라도 더 예쁜 물건에 지갑을 연다고 생각했습니다. 그래서 컴퓨터의 겉모습에도 많은 공을 들였습니다.

5 미국의 사업가 ① 잡스는 컴퓨터 개발 회사 ② 애플을 세웠습니다. 잡스는 사용이 편리한 개인용 컴퓨터를 내놓아 큰 성공을 거두었습니다. 잡스는 스마트폰을 오늘날의 모습으로 혁신한 사람이기도 합니다. 잡스의 노력 결과, 모든 사람이 컴퓨터와 스마트폰을 갖추는 새 시대가 열렸습니다.

어휘 학습

7 이심전심은 마음과 마음으로 서로 뜻이 통한다는 뜻입니다. 이 글의 하다와 영심이는 마음이 통한 듯, 서로 이야기를 하지 않았는데도 같은 것을 먹고 싶어하고 있습니다.

본문 30쪽

미로 탈출하며 핵심어 찾기!

아이들이 미로를 탈출하며 만난 핵심어를 빈칸에 써 보세요. 그리고 핵심어에 알맞은 설명을 찾아 연결해 보세요.

미로 1의 핵심어 **아편 전쟁** ——— 1800년대 청나라에 유행한 마약 때문에 청나라와 영국이 치른 전쟁이야.

미로 2의 핵심어 **서태후** ——— 어린 황제의 어머니였던 ○○○는 사치를 부리며 청나라를 쥐락펴락했어.

미로 3의 핵심어 **메이지 유신** ——— 일본이 나라의 모든 것을 서양식으로 바꿔 나간 것을 ○○○ ○○이라고 해.

본문 52쪽

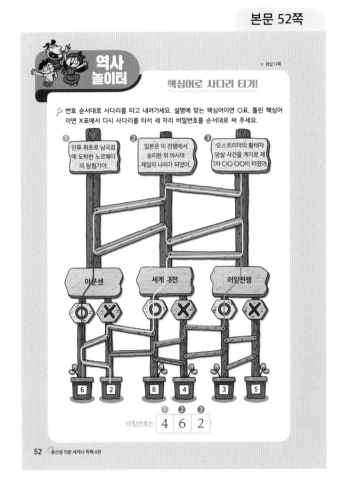

핵심어로 사다리 타기!

번호 순서대로 사다리를 타고 내려가세요. 설명에 맞는 핵심어이면 ○표, 틀린 핵심어이면 X표에서 다시 사다리를 타서 세 자리 비밀번호를 순서대로 써 주세요.

❶ 인류 최초로 남극점에 도착한 노르웨이의 탐험가야.

❷ 일본은 이 전쟁에서 승리한 뒤 아시아 제일의 나라가 되었어.

❸ 오스트리아의 황태자 암살 사건을 계기로 제1차 ○○ ○○이 터졌어.

비밀번호는 **4 6 2**

본문 74쪽

핵심어 찾기 대작전!

각각의 빈칸에 들어갈 핵심어를 아래 글자판에서 찾아 동그랗게 묶고, 해당 번호를 써 보세요.

❶ 어밀리아 ○○○○는 여성 최초로 대서양 단독 횡단 비행에 성공했어.
❷ 인도의 독립운동가 마하트마 ○○는 비폭력·비협조 운동을 벌여 영국과 맞서 싸웠어.
❸ 루스벨트 대통령이 경제 위기 극복을 위해 실행한 정책을 ○○ 정책이라고 해.
❹ 1930년대 시작된 미국의 경제 위기는 전 세계로 퍼졌어. 이 사건을 경제 ○○○이라고 해.
❺ 월트 ○○○는 세계 최초로 소리가 나오는 애니메이션을 만들었어.
❻ '자동차의 왕'이라 불리는 헨리 ○○는 컨베이어 벨트를 이용해 자동차 생산 시간을 획기적으로 줄였어.

본문 96쪽

핵심어로 비밀 숫자 찾기!

각각의 빈칸에 들어갈 핵심어를 아래 글자판에서 찾아 색칠하고, 숨겨진 비밀 숫자를 써 보세요.

❶ 소련의 지도자 ○○○은 독일의 공격에 맞서 결사적으로 싸웠어.
❷ 투표를 통해 독일의 권력자가 된 후, 이웃 나라를 공격하며 세계 대전을 일으켰어.
❸ 일본은 ○○○에 있는 미국 해군 기지를 기습해 전쟁을 일으켰어.
❹ 독일은 유럽의 유대인을 모두 죽이려 했어. 이 사건을 ○○○○○라고 해.
❺ 독일, 일본에 맞서 미국과 소련, 영국 등 세계 여러 나라는 힘을 합쳐 ○○○을 만들었어.
❻ ○○○○ 상륙 작전이 성공으로 끝난 후 독일은 점차 궁지에 몰렸어.
❼ 유대인 소녀 ○○는 탄압을 피해 숨어 살며 일기를 남겼어.

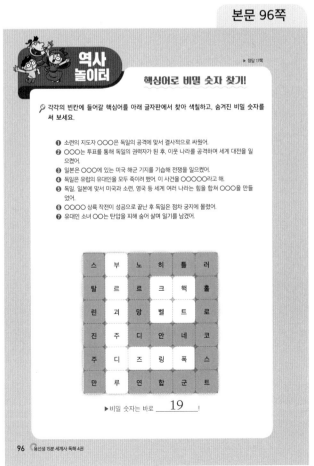

▶비밀 숫자는 바로 _____19_____!

본문 118쪽

역사 놀이터

▶ 정답 18쪽

핵심어로 보물 상자 찾기!

길을 따라가며 둘 중 설명에 맞는 핵심어에 ○표 하고, 표시한 핵심어에 그려진 보물 상자의 개수를 모두 더해 보세요.

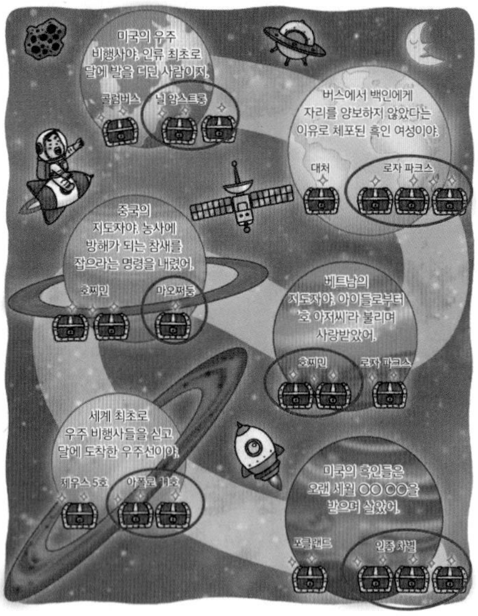

찾은 보물 상자는 모두 13 개!

본문 140쪽

역사 놀이터

▶ 정답 18쪽

가로세로 핵심어 찾기!

가로세로 열쇠 힌트를 읽고, 알맞은 핵심어를 넣어 가로세로 역사 퍼즐을 완성해 보세요.

①애	플		②만		③세	
			델		계	
④스			라		의	
티					공	
브		⑤베	를	린	장	벽
잡						
⑥스	티	븐	호	킹		

가로 열쇠

① OO 컴퓨터는 누구나 쉽게 쓸 수 있는 개인용 컴퓨터였어.
⑤ 독일의 수도 베를린은 OOO OO에 의해 동베를린과 서베를린으로 갈라져 있었어.
⑥ 영국의 과학자야. 젊은 나이에 불치병을 얻었지만 꿋꿋이 극복하고 우주의 신비를 밝히는 데 큰 역할을 했어.

세로 열쇠

② OOO는 감옥에서도 흑인 인권을 위해 꾸준히 목소리를 내었고, 풀려난 뒤 노벨 평화상을 받았어.
③ 덩샤오핑이 중국의 경제를 개방하면서 중국은 OOO OO이라는 별명을 갖게 됐어.
④ 미국의 사업가야. 누구나 쓸 수 있는 컴퓨터와 스마트폰을 개발한 것으로 유명해.

세계사와
독해력을
한 번에!

용선생 15분
세계사 독해

★ 120명의 인물 이야기로 다지는 세계사 기초!

★ 매일 15분!
초등 비문학 독해력 향상!

★ 중학 역사 교과서 연계!

글 사회평론 역사연구소 외 | **그림** 뭉선생 외 | **캐릭터** 이우일

전 4권

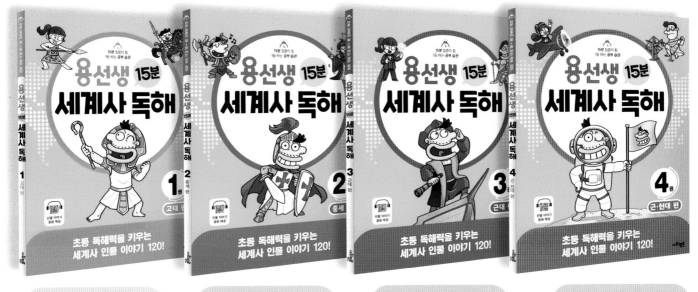

1권 고대편   2권 중세편   3권 근대편   4권 근·현대편

세계사와 독해력을 한번에 잡는다!

1 인물로 다지는 세계사 기초!

중학교 들어가면 세계사를 배우잖아요.
세계사를 시작해야 하는 초등 고학년에게 이 교재를 강력 추천합니다!
흥미로운 인물 이야기로 부담 없이 세계사 전체를 훑어볼 수 있어요.

강가애 선생님 (반포 <생각의 탄생> 원장) ★★★★★

2 비문학 독해력 향상!

아이가 동화책만 읽어서 고민했는데
이 교재는 비문학인데도 이야기체라서 술술 읽었어요.
독해 문제도 풀고 어휘까지 꼼꼼히 챙기니 비문학 독해에 자신감이 생겼어요.

초등 4학년 학부모 김O은 ★★★★★

3 배경지식 확장!

아이가 호기심이 생겼는지 "다음 이야기가 궁금해! 찾아볼래!"라고 했어요.
이 책은 다양한 분야의 인물을 통해 폭넓은 배경지식을 얻을 수 있는
좋은 교재란 생각이 들어요.

초등 5학년 학부모 최O선 ★★★★★

4 자기 주도 학습 능력 신장!

공부할 때 산만하던 아이가 시키지 않아도 매일 15분씩 혼자 쭉쭉 풀었어요.
"더 하면 안 돼? 너무 재밌어!"라고 하더라고요.
책상에 앉아서 첫 공부를 이걸로 하니까 학습 습관이 잡혔어요.

초등 3학년 학부모 임O현 ★★★★★

공부가 재밌어지는 **용선생 클래스**
yongclass.com

초등학교

학년	반	번

이름